《潮安饒氏家譜》

饒鍔 修

陳賢武 整理

上編據一九九一年香港重印本影印

下編據廣東省立中山圖書館藏本影印

《潮汕文庫》大型叢書組委會

《潮汕文庫》大型叢書編委會

《潮汕文庫》大型叢書編輯室

潮汕文庫·文獻系列

饒鍔 修
陳賢武 整理

中國·廣州

圖書在版編目（CIP）數據

潮安饒氏家譜／饒鍔修；陳賢武整理. —廣州：暨南大學出版社，2018. 11
（潮汕文庫. 文獻系列）
ISBN 978-7-5668-2477-6

Ⅰ. ①潮… Ⅱ. ①饒…②陳… Ⅲ. ①家譜—潮安縣 Ⅳ. ①K820. 9

中國版本圖書館 CIP 數據核字（2018）第 256541 號

潮安饒氏家譜
CHAOAN RAOSHI JIAPU
饒鍔 修 陳賢武 整理

出 版 人：徐義雄
項目統籌：黄聖英
責任編輯：黄佳娜
責任校對：鄧麗藤 黄 穎
責任印製：湯慧君 周一丹

出版發行：暨南大學出版社（510630）
電 話：總編室（8620）85221601
營銷部（8620）85225284 85228291 85228292（郵購）
傳 真：（8620）85221583（辦公室） 85223774（營銷部）
網 址：http：//www. jnupress. com
排 版：廣州市天河星辰文化發展部照排中心
印 刷：廣州家聯印刷有限公司
開 本：787mm×1092mm 1/16
印 張：17. 5
字 數：343 千
版 次：2018 年 11 月第 1 版
印 次：2018 年 11 月第 1 次
定 價：60. 00 圓

饒鍔像

饒氏家族1920年代合影，前排左五為饒宗頤 圖：港大饒宗頤學術館

饒氏家族合影

饒鍔編志圖

饒氏宗祠俯瞰圖

總序

潮汕文化歷千年久遠，底蘊淵深，泱泱廣袤，又伴隨着潮人的遷播而兼收並蓄，獨樹一幟，是中華文明中的重要一脉。

秦漢之前，潮汕囿於海角一隅，與中原殆少來往；自韓愈治潮，興學重教，風氣日開，人文漸著。宋朝文教興盛，前七賢垂範鄉邦；明朝人才輩出，後八賢稱顯於時。明清以來，粵東地區藉毗鄰大海的地理優勢，與域外商貿頻仍，以陶朱端木之業，成中西交匯之勢，造就多元開放的文化格局。饒宗頤等學界巨匠引領風騷，李嘉誠等商海翹楚造福民生，俊采星馳，鬱鬱稱盛。

而今國家穩步發展，蓬勃興盛，潮汕地區憑藉深厚的歷史積澱，務實進取，努力發展傳統文化及其産業，如潮劇、潮樂、潮菜、工夫茶、陶瓷、木雕、刺綉等，保持並革新精巧特色，在世界各地廣泛傳播，備受青睞。更有海外潮人遍布全球，爲經濟文化交流引橋導路，探索共贏模式，拓寬發展空間。

爲促進潮汕文化的傳承與創新，進一步推動潮汕文化『走出去』，在廣東省委宣傳部的大力支持下，海內外學者編寫《潮汕文庫》大型叢書。本叢書包括文獻系列和研究系列，涉及歷史、文學、方言、民俗、曲藝、建築、工藝美術等多方面，囊括影印、箋註、點校、碑銘、圖文集、口述史等多種形式，始終秉承整理、搶救傳統文化的原則，尊重潮汕地區的家學淵源和治學傳統。以一腔丹心，在歷史沿襲中爲文化存證，修舊如舊，求新而不媚俗於新；以一筆質樸，在字斟句酌中爲品質立言，就事論事，求全而不迷失於全；以一紙懇切，在紛擾喧囂中爲細節加冕，群策群力，求深而不盲目於深。惟願以此叢書，提升潮汕文化品位，凝聚海內外潮人，齊心發展，助力騰飛。

在成書過程中，廣東省委宣傳部高度重視，協調汕頭、潮州、揭陽、汕尾市委宣傳部，委託潮汕歷史文化研究中心、韓山師範學院、暨南大學出版社組織編寫與出版。海內外潮學研究專家傾注筆墨，潮汕歷史文獻收藏機構及熱心人士鼎力襄助，在此一并致謝！

《潮汕文庫》大型叢書編委會

二〇一六年七月

讀《潮安饒氏家譜》劄記

一、本譜撰述者

本書在目錄處標有『主修兼撰述十八世孫寶璇』，卷三『世表』有『寶璇，小名見宣，號純鈞，又名鍔』。《孟子·萬章章句下》有曰：『頌其詩，讀其書，不知其人，可乎？是以論其世也。』[一]吳鴻藻於一九三二年饒鍔（一八八九至一九三二）逝後不久，曾為其撰一傳，此為目前所知的其最早小傳，茲謹錄如下，以見其概：

饒鍔，字純鈞，一字鈍庵，別號蒓園居士，潮安人。父興桐，以貨殖起家，潮商稱長者。君少侍仲兄次雲讀。次雲性孝友，抱顯揚志，就學翁明經蘭。弱冠，以製藝鳴於時，應府縣試列前茅。會科舉報罷，不得青一衿，人皆惜之，而次雲怡然。尋隱於市，助其父權子母，以勤敏稱，且商且讀。嘗苦《文選》多難字，乃專治六書，竟委窮源，遂通小學。著《說文旁證》一卷。君師事仲兄，樸學得其途徑。窮年矻矻，英華含茹，蓄而不宣。既而遊學四方，進嶺東同文學堂，又負笈海上，遨遊大江南北。時風氣大開，知非可徒域以古禮，思探科學新理，有所灌溉，以效忠社會。既受法學得業士矣，旋承潮安商會選任商事公斷處處長。人謂君應時幹才，而於古學之湛深，莫之知也，君亦未輕以

〔一〕楊伯峻編著：《孟子譯注》，北京：中華書局，一九六二年，第二五一頁。

示人。會道喪文敝，時論喧呶，君慼國學淩夷，以求闕文、補漏逸為己任。罄其囊資，網羅群籍，以故藏書富甲一邑。殫精著述，抗志遠希，貌癯而心壯。顧自壯歲而仲兄歿，越數年而髮妻歿，父與長兄又未周期而相繼歿，君迫於環境，家計商務交集，體益瘦，而神志不衰。晚辟蒓園，築天嘯樓於左，琳琅滿目，謂將樂此不疲。夙慼潮州文獻散佚，博稽詳考，仿孫詒讓《溫州經籍志》例，撰《藝文志》。體大思精，十已竣八九。惟清代未及編而病不起矣。卒年四十有二，民國二十一年（一九三二）七月五日也。著有《右軍年譜考》《吳越遊草》《慈禧宮詞》各一卷，《西湖志》十卷，《饒氏家譜》八卷（應為九卷），《法顯〈佛國記〉疏證》十卷。其屬稿未完者有：《親屬記補注》《潮雅》《淮南子斠證》；《漢儒學案》先成《易學》一卷，《清儒學案》先成目錄、凡例四卷；續章學誠《校讎通義》、李圓度《先正事略》，則有目無書。子五：長宗頤，肄業省立第四中學；次宗栻、宗愈、宗亮、宗震，皆幼。

吳鴻藻曰：『余聞史遷言：「賈人以心計言利事，析秋毫矣。」今觀饒君乃用其利以博群籍，用其心計以辨義理，精考據，剖析於幾微。雖著述完缺有差，而志在千秋，久而不懈。古所謂賢而多財，則損其志者，豈其然乎？余輯《潮州先正遺書叢刊》，徵訪累年，君臂助尤力。孰意書將告成，而君遽長逝耶？此可為地方人才悲也夫，寧感舊之悲而已耶？嗟夫！此余所以汲汲於徵君之文而不能自已也。』[一]

著名史學家顧頡剛曾評介說：『看饒鍔《天嘯樓集》……饒鍔為饒宗頤之父，出身商人家庭而酷好讀書，所作具有見解。』[二]曾憲通更稱之為『潮學研究的先行者和奠基人』[三]。

二、本譜梗概

本書書名中的『潮安』，按《潮州市志》的記載：民國三年（一九一四），原稱海陽縣因與山東海陽縣同名，奉內

[一] 吳鴻藻選編：《潮州靈光集》卷六，鈔本，一九三二年，孫杜平先生提供資料。關於饒鍔的學術經歷，可參見陳賢武：《饒鈍庵先生學術年表初編》；林倫倫主編：《饒學研究》（新版）（第一輯），廣州：暨南大學出版社，二〇一四年，第二〇五至二一四頁。

[二] 顧頡剛：《顧頡剛日記》，臺北：聯經出版事業公司，二〇〇七年，第五八〇至五八一頁。

[三] 曾憲通：《讀選堂尊翁〈饒鍔文集〉有感》，《選堂訪古留影與饒學管窺》，廣州：花城出版社，二〇一三年，第一六九頁。

政部改名潮安縣。疆域為今潮州市的潮安(其中鳳凰鎮當時尚屬饒平縣)、湘橋、楓溪三區。[一]

家譜，按照《辭海》的解釋是：『舊時記載一姓世系和重要人物事跡的譜籍。《宋史·藝文志(三)》有司馬光《臣寮家譜》一卷。又名「族譜」「宗譜」「家乘」。』族譜是『記載家族或宗族譜系和重要人物事跡的書。《南史·賈希鏡傳》：「希鏡三世傳學，凡十八州士族譜，合百帙，七百餘卷」。』[二]

從字面解釋看，族譜範圍應比家譜的記載更廣泛，正如梁啟超所言：『族譜家譜，一族一家之史也。』[三]它是一個家族的憲章，是『在中國的宗族中所構造的以系譜為中心的記錄，是對始祖以來父系親族的記錄，其內容包括每一個親族成員的姓名、生卒、生前業績、妻姓、子女數、居住地、墳墓位置和風水等，同時，亦會解釋和附記整個宗族的來歷及親族應遵循之規範(族規)』。[四]本譜卷二『總綱』的『例言』就作了說明：『茲謂之潮安云者，以限於潮安一隅也，不云族譜而曰家譜者，譜由我作，僅詳於吾一家也。』故在本書中記載的人與事，主要是主修兼撰述者饒鍔先生之直系一家，其旁系基本只是在卷三『世表』中略過。

本書共分九卷，卷一為總綱，下有例言、譜序、饒氏得姓考、昭穆奕世名次小序；卷二為遺像；卷三為世表，附序；卷四為墳塋，下有附序、墳墓圖；卷五為祠宇，附序，下有建祠碑記、祠中主位坐次、記；卷六為蒸業，附序；卷七為家傳；卷八為藝文，下分序、跋、壽序、壽詩、行狀、墓志銘、記、讚；卷九為叢錄。

本書從入潮始祖一世記載至十九世，較詳者為十四世至十七世，時間大致在十八世紀到十九世紀末。

三、記載內容

饒鍔先生為修本譜，除採訪登記、收集資料、整理核對，還親往考察釋疑，『賓璇往者嘗訪譜松口、大埔，稽其世

〔一〕潮州市地方志編纂委員會編：《潮州市志》，廣州：廣東人民出版社，一九九五年，第二四七至二五一頁。
〔二〕辭海編輯委員會編：《辭海》，上海：上海辭書出版社，二〇一〇年，第八六七、二五六五頁。
〔三〕梁啟超：《中國近三百年學術史》，天津：天津古籍出版社，二〇〇三年，第三六一頁。
〔四〕瀨川昌久著，錢杭譯：《族譜：華南漢族的宗族》，上海：上海書店出版社，一九九九年，第四頁。

次』〔二〕。故鄭國藩〔三〕序稱『饒子純鈎富考據之學』，『於饒氏得姓之始，釐核蓋詳。世表一門，斷自所知，尤得闕疑之義』。

馮爾康曾將清代族譜體例歸結為十七項，即譜序（含序、例、跋、修譜職名、捐資人）、恩綸錄（含敕、誥命、御制碑文、上諭、皇帝和朝廷所題匾額）、像讚（畫像、讚詞、遺墨等）、宗規家訓（含規約、訓語）、世系（圖、表）、世系錄（世序、世系考）、派語、宦跡考、傳記、祠堂（含祠堂圖、祠堂記、建祠及捐錢人名單、祠堂規制）、墳墓（含圖和文）、祠產、先世考辨（含得姓始末、支派分流、遷移地、同姓考訂）、著述（含原文、目錄）、餘慶錄（空白紙）、五服圖和領譜字型大小等。『這些類項不是每一部宗譜所必備的』，『但是序例、規約、世系（或世系錄）、傳記、祠堂、祠產、祠墓幾項是大多數家譜所具備的』〔三〕。

本譜與馮先生所列的十七項是有所增損的，對此，饒鍔先生在本譜的『例言』已作了說明，如馮先生所舉的『恩綸錄·敕文』，在本譜中則列入『叢錄』中，並作了說明：『族譜舊有恩榮一門，以紀述皇言而光門閥，今天下大公，君權已廢，實無恩可言。然前清之世，吾家代有誥命，其官閥封銜既散見於表、傳，故無庸贅設一門。』此可謂與時俱進。而各卷之間『各以類從，無相滲漏，而務求簡覈，故門類雖多，成書只一冊而已』。蓋『易攜以行』〔四〕。（案：影印本在卷七『家傳』后有空白紙，此次出版刪去）

每種家譜皆有『敘本系、述始封』的傳統，其目的亦在於『明世次、別親疏』以及考訂姓氏源流。家譜均有記載姓氏的一章，以敘述家族姓氏的來源，或是家族因某種原因改姓的歷史。所以家譜中的姓氏源流就變得很重要，係明辨家族血統的證明文獻。因此亦是本譜的重中之重，卷三『世表』言：『饒氏係出虞舜，其著名舊史，自漢魯陽太守威始。唐時有曰元亮者，仕德宗為按撫使，封光祿大夫。元亮子威虎，官散騎常侍，遷居臨川。故饒氏又有臨川之

〔二〕參見《潮安饒氏家譜》卷三『世表』。

〔三〕鄭國藩（一八五七至一九三七），字曉屏，號似園老人，祖籍普寧，後遷居潮州城。清光緒十一年（一八八五）拔貢。曾執教於汕頭嶺東同文學堂、潮州金山書院等，一九一八年出任廣東省立金山中學代理校長。歷任教席三十餘年，受業者前後千數百人。擅詩文，時人稱『鄭先生今世儒者，一言之出，學者奉為依歸』。有《似園老人佚存文稿彙鈔》行世。參見鄭國藩：《似園老人佚存文稿彙鈔》卷四《塵外塵居士傳》，汕頭印務鑄字局，一九三五年；陳賢武，黃繼澍整理：《饒鍔文集》，香港：天馬出版有限公司，二〇一〇年，第七六頁；《潮州市文化志》編寫組編印：《潮州市文化志》，一九八九年，第二九〇頁。

〔三〕馮爾康：《清史史料學初稿》，天津：南開大學出版社，一九八六年，第一八九至一九二頁。

〔四〕參見《潮安饒氏家譜》卷一『例言』。

望』，『其居大埔者曰四郎族最盛。寶璇之先世，實由大埔遷居梅州松口，後更由松口而遷海陽。我饒氏自來海陽至寶璇七世矣，傳世既未久遠，子姓又不繁多，然清門華胄，科第累葉相繼』。《重修泗坑友溪公祠碑記》云：『我饒氏自宋末四郎公由汀州遷潮之神泉（今大埔茶陽），四傳至元貞公，當元之季始避兵程鄉（今梅縣），來家松口，其初卜居銅盤。』〔二〕《先大父少泉府君行狀》又云：『宋末有四郎公者，隨父官汀州府推官，由閩入粵，而家於大埔，四傳至元貞公，更由大埔遷居嘉應松口之銅盤鄉，自後世居松口。至十二世祖仕保府君，始徙來潮州之烏石寨。』〔三〕『例言』云：『吾宗遷潮近二百載。』『吾饒氏自松口遷海陽及今近二百年，其先世舊不著，大抵以力農孝弟世其家。』〔三〕饒鍔先生在卷一『總綱』中更有《饒氏得姓考》一文，雖區區千五十言，而徵引文獻竟有《尚書》、《左傳》（春秋·左丘明）、《史記》（西漢·司馬遷）、《漢書》（東漢·班固）、《風俗通》（東漢·應劭）、《潛夫論》（東漢·王符）、《說文解字》（東漢·許慎）、《姓苑》（南朝宋·何承天）、《水經注》（北魏·酈道元）、《新唐書》（宋·歐陽修等）、《困學紀聞》（南宋·王應麟）、《路史》（南宋·羅泌）等十多種，極盡探源究本、疏通證明之能事，如抽絲剝繭般引出饒姓『蓋出於虞舜之後』而非出自唐堯之推斷，言之鑿鑿，勝似老吏斷獄，此前之有關饒氏出處的歧論訛傳，遂不攻而自息。故鄭國藩序稱之『自封建制廢，賜族之典不行。昔之所謂氏，今皆為姓矣，源流於是乎始紊。饒子據羅泌《路史》定得姓為舜後，以正舊譜堯後之誤，且援近世姚、饒不通婚為證，其言當矣』。

饒鍔先生在『例言』已開宗明義說：『不云族譜而曰家譜者，譜由我作，僅詳於吾一家也。』本譜可以說是一個家族的奮鬥史，饒宗頤先生說過他的家族曾經是潮州城裏的首富〔四〕，而這個家族的致富歷程，就是從他的曾祖父饒良洵開始的。

饒氏在清代由松口十二世仕保（一六八三至一七四五）於中歲從嘉應州（今梅州）松口移居潮州城東烏石寨，十三世昌茂（一七二三至一八一二）於乾隆年間移居到城內石獅巷口。其長子饒顯科（一七五三至一八一二）從事商業。先是開設『源發』染坊，因為地方動亂，歇業回到鄉下。動亂平息以後，又在城內下水門附近開設『順發』豆店。

〔二〕饒鍔：《天嘯樓集》，陳賢武、黃繼澍整理：《饒鍔文集》，香港：天馬出版有限公司，二〇一〇年，第八九頁。

〔三〕參見《潮安饒氏家譜》卷八『藝文』《先大父少泉府君行狀》。

〔三〕參見《潮安饒氏家譜》卷八『藝文』《家嚴慈六旬壽序略》。

〔四〕饒宗頤述，胡曉明、李瑞明整理：《饒宗頤學述》，杭州：浙江人民出版社，二〇〇〇年，第一頁。

饒顯科有五個兒子：協華、協龍、協進、協登、協光。饒顯科逝世的時候，協華、協龍已經長大，其他兄弟還小，家庭的責任就由兩位兄長承擔起來。兩人同心協力，除經營『順發』之外，又創辦了『財盛』米店。衆兄弟長大後，分權經理。協華、協龍兄弟關係最好，協華的兩個兒子良錦、良猷早夭，協龍有三子，就把小兒子良洵（一八二二至一八九八，號少泉，又號質庵）過繼給大哥。

清道光十四年（一八三四），兄弟分家，財產彙總清算，每房可以分得千餘元。兩間商店，長房和二房、三房坐受『財盛』店，四房、五房坐受『順發』店。資產抵結，四房應該再補還長房和二房、三房二百五十元。四房協登請求延至十九年（一八三九）再結清，並與協龍議定，願意先交一百五十元貼息。分家簿內，亦註明此事。

分家後，『財盛』經營不利，日漸虧損。協龍憂煩致病，在道光十八年（一八三八）去世。協龍逝後不久，協登藉口先前貼出的一百五十元不合理，迫良洵交還。良洵兄弟拿着分家簿同他論理，反被倚老賣老的協登打了一頓。只得請表伯懇求叔父，拿出七十五元補還，協登方罷休。於是長房、二房兩房日子過得更加窘迫。分家七年後，長房因為生意虧損，家中花費繁巨，良洵只好在親哥哥良濱店裏寄食。翌年，良濱與人合夥創辦了另一家米行，就把原屬二房的米店交給良洵經營。

十餘年後，良洵的米店又經營虧損歇業，還欠下一千多元債務，只能逃往省城避債。經歷了一番周折之後，再回到家鄉。良濱把二房輪收的租穀和兩間房產交給他抵債。良洵請各賬房寬容期限再結算清楚。只有五叔協光不肯答應，只得把長房、二房輪收的租穀折銀一百五十元，算還叔父，還缺七十元，又定作數年還清。良洵把長房已經典出的一間鋪面賣了，又變賣家裏所有首飾，湊夠一百元，良濱亦貸了三十元，再將從前米店重行開張。誰知這一年（一八五四）吳忠恕造反，城門緊閉，貿易不通。等到年底，叛亂平息，米店已是坐吃山空。良洵只能在潮州、福建上杭之間做走水（又叫水客。一種小販，亦替人捎帶批信及其他物件）。

良洵後來想起嗣父協華原先開有一間替人做中介的『順合傭行』，因為無人光顧，零落日久，就把這間店重新整頓，靠着這項無本經營的生意重新起家。備歷艱難，克勤克儉，到清同治二年（一八六三）諸子長成，得人扶助，漸漸有了積蓄。原來二房米店虧空款項，一一還清。押出的兩間房產，亦贖回並交還給良濱。此後，良洵的生意蒸蒸日上，到光緒年間，已經成為潮州有名的富商〔一〕。

家族生意的分分合合，叔侄兄弟之間的互相煎迫與互相扶持，家族文化對商業經濟的制約和推動，在本譜都有詳細的記述。

致富後，饒良洵為祖先建了祠堂，置買蒸業並捐官，讓父祖亦得到封贈，〔二〕提高整個家族的社會地位。尤其是少泉公祠的興建，使宗族建立起自己的象徵體系；祀鋪祭田的購置，又使宗族的經濟體系得以建立。

隨着四個兒子興槐、興桐、興榆、興枚的成長，他們亦逐漸在商場上嶄露頭角。清末民初（十九世紀末到二十世紀初），這個家族主要從事金融業，在潮梅一帶聲名顯赫。這時饒氏家族商業達到全盛期。饒旭初在重印《潮安饒氏家譜》的附述中對此時饒氏在潮州的地位和作用說得非常明白：『吾家興盛之期，乃在清末民初潮梅各屬，顯赫一時，經營金融業，挹注財政，緩急地方經濟，極有佳評。例舉當時政府士紳，賦予發行鈔票，作為貨幣流通，可見聲譽之隆，家族志行之嘉。弗克臻此，尤其應付軍閥，勒索供需，為望安定鄰梓，惠獻良多。』〔三〕當時更有『邢饒蔡，潮城居一半』之說。饒氏家族經濟和社會地位的確立，以饒興桐（字子梧，以賑捐誥封從四品朝議大夫）一九一四年當選潮州府商會第三任總理、子饒鍔一九二四年選為潮安縣商會公斷處長為標志，此時饒氏家族共擁有潮安、錦益、川英、承安四家銀莊，聯盟點有印度尼西亞的吧城（今雅加達）、日里（今日惹）、孟加錫及中國的汕頭、梅縣松口、興寧等。〔四〕

而饒氏自遷居潮州後，歷代先人都對教育非常重視，十五世協華（一七九〇至一八三三）專門購書室三楹，延里宿儒教授其中。到十六世良洵在經濟寬裕的情況下，對家族的教育更捨得投入，在建祠堂時，特附建一個書塾供子孫讀書。他還議定，凡子孫考中秀才入泮可向公家年領獎資五十元。

古代教育不發達，族學特別是其中的蒙學，對普及教育，尤其是貧窮族人的文化教育起到一定的作用。族學重在

〔一〕參見《潮安饒氏家譜》卷七『家傳』；卷八『藝文』饒良洵《自序》。

〔二〕《潮安饒氏家譜》卷七『家傳』載：顯科，例贈文林郎，晉贈朝議大夫；協華，援例授國子監太學生，晉贈朝議大夫；協龍，例授登仕郎，誥贈朝議大夫；良洵，初授儒林郎，後誥授奉政大夫，晉封朝議大夫，加同知銜，復累贈資政大夫，賞戴花翎。

〔三〕饒旭琳：《記一九二一——八一年事略》，《潮安饒氏家譜》，香港複印增補本，一九九一年。

〔四〕參見陳賢武：《饒鈍庵先生學術年表初編》；廣東省檔案館藏廣東郵政管理局檔案『汕頭民局詳情表』，全宗號二九，目錄號二，案卷號三七三，第七二至八三頁。

基礎教育，強調倫理道德禮儀的教育，對多數族人並不一味強求走科舉之路，而是在讀書後學習一技之長，都說明教與養一起發揮著收族的作用。

後因科舉停廢，此規定遂停止。到民國時，由饒氏家族大佬們重作規定，凡派下子孫有能於中學畢業繼續考取大學者，每年補貼學費五十元，至畢業為止。有了經濟上的保障，饒氏子孫可以專心求學，並學有所成，從十五世至十七世，家族『充邑庠生者一人，為邑增生者一人，由附生、拔貢繼登賢書者一人，居然詩書之族矣』〔一〕。逐步由商界鉅族轉變為文化世家。若十五世饒應春（一八〇八至一八五九，族名協光，顯科第五子），清道光十七年（一八三七）拔貢，咸豐元年（一八五一）舉人，授內閣中書，廣東海豐教諭。咸豐四年（一八五四），潮州發生了陳娘康、吳忠恕之亂，官兵多被擊潰，在這危急情況下，饒應春等士紳建議官府集衆團練，分立五社，無事巡防，有事助官軍擊賊，該提議獲得官方的大力支持。〔二〕十八世饒勛（一八六八至一九三七，字若杲，興槐子）、渭卿（一八七九至一九三七，名寶璜）兄弟，饒瑀（字禹初，一八八三至一九二七，興桐子）、寶球（字次雲，一八八七至一九二二）、饒鍔（鈍庵）三兄弟均等為當時潮城知名學者、收藏家。十九世宗頤（一九一七—二〇一八，譜名福森），更是國際著名漢學大家、書畫大家。〔三〕

王陽明在《〈高平縣志〉序》言：『今夫一家，且必有譜，而後可齊。』〔四〕梁啟超在《中國近三百年學術史》中說：『欲考族制組織法，欲考各時代各地方婚姻平均年齡，平均壽數，欲考父母兩系遺傳，欲考男女產生比例，欲考出生率與死亡率比較等等無數問題，恐除了族譜家譜外，更無他途可以得資料。我國鄉鄉家家皆有譜，實可謂史家瑰寶。』〔五〕為此他提出廣收家譜並對家譜進行研究。從饒氏家譜中內容亦可印證梁氏之言。

自古修撰家譜最基本之義例就是『隱惡揚善』『為親者諱』，這是近代封建家譜在幾百年的發展過程中總結出來的基本原則。為了揚善，只寫好的甚至編造好的，『譜以正宗派，篤恩義，故獨以書善也』〔六〕。為了隱惡，不寫壞的，祖

〔一〕參見《潮安饒氏家譜》卷九『叢錄』。

〔二〕（清）盧蔚猷修：光緒《海陽縣志·前事略（二）》，潮州市地方志辦公室、潮州市檔案館影印本，二〇〇一年，第二四九頁。

〔三〕有關饒宗頤與父親饒鍔的學術傳承，可參見陳賢武：《家學與傳承——以饒鍔、饒宗頤父子為例》，《湖南人文科技學院學報》二〇一四年第四期，第八八至九九頁。

〔四〕（明）王陽明：《王陽明全集 4 續編》，北京：中國畫報出版社，二〇一四年，第一四八頁。

〔五〕梁啟超：《中國近三百年學術史》，天津：天津古籍出版社，二〇〇三年，第三七二頁。

〔六〕（嘉慶）《桐城黃氏宗譜》卷一『凡例』。

先族人做了壞事，不準寫進家譜，『凡有干譜例，當削不書，違者許房長（即族長）鳴祠處治』〔一〕。這就是説，家譜的編纂可能歪曲事實，製造假象，欺騙和愚弄族衆。所以在當時，僞造事實載入家譜是十分普遍的現象。有的家譜為了抬高家族的身份，硬去攀附與自己家族毫不相干的歷史名臣賢相，甚至根據戲曲、話本、小説和民間傳説來編造家族的世系，以致漏洞百出，張冠李戴。清代著名史學家錢大昕曾尖鋭批評這種現象説：『宋元之後，私家之譜不登於朝，於是支離傅會，紛紜躇駁，私造官階，倒置年代，遙遙華胄，徒為有識者噴飯之助矣。』〔二〕鑒於此，饒鍔先生在撰述本譜『例言』中為之擬定了十條體例，先生亦曾具體談到其譜法體例：『余曩者嘗有志於譜牒之事。前年為《潮州饒氏家譜》，略仿古世表之遺法，而述系則斷自始遷之祖，又分别其所宜載與否者，具為條例，載諸譜首。』〔三〕

這十條譜法體例雖已過了將近百年時間，但從他的具體論述來看，如『譜者，所以信今而傳後。若原系不審，苟話名望，則失之誣；無行可紀，褒美不倫，則失之濫。勿誣勿濫，斯譜之善者歟！……其與本支是否同出一系，今已不可盡明，故吾譜亦未嘗冒之，託以自重。若我之先世，務本食力，以農起家，吾譜亦未嘗諱言焉。君子之言簡而實，茲譜之作，固欲力矯前人誣濫之弊也』，特别是在當今各地修譜火熱的情況下，仍然具有振聾發聵之借鑒意義。清錢大昕就稱：『譜章之學，史學也』，『直而不污，信而有證，故一家之書與國史相表裏焉』。〔四〕

北宋蘇洵對宗族發展史有過考察，認為『自秦漢以來，仕者不世，然其賢人君子猶能識其先人，或至百世而不絶，無廟無宗而祖宗不忘，宗族不散，其勢宜忘而獨存，則由有譜之力也』〔五〕，肯定了譜牒對強化祖先崇拜及團聚族人的作用。這亦可看作饒鍔先生修本譜之本意。

錢穆在《學問之入與出》中有言：『凡做學問，則必然當能通到身世，尤貴能再從身世又通到學問。古人謂之「身世」，今人謂之「時代」。凡成一家言者，其學問無不具備時代性，無不能將其身世融入學問中。』〔六〕借用錢先生這句話，來表達我讀此譜後的感受。

〔一〕（道光）《無為查林徐氏家譜》卷首載乾隆間訂《規條》。
〔二〕（清）錢大昕：《鉅野姚氏族譜序》，《潛研堂集·潛研堂文集》卷二六，上海：上海古籍出版社，一九八九年，第四四八頁。
〔三〕饒鍔：《天嘯樓集·曾氏家譜序》，陳賢武、黄繼澍整理：《饒鍔文集》卷一，香港：天馬出版有限公司，二〇一〇年，第二一頁。
〔四〕（清）錢大昕：《鉅野姚氏族譜序》，《潛研堂集·潛研堂文集》卷二六，上海：上海古籍出版社，一九八九年，第四四八頁。
〔五〕（宋）蘇洵著，曾棗莊、金成禮箋注：《嘉祐集箋注》卷十四『譜例』，上海：上海古籍出版社，二〇〇一年，第三七一頁。
〔六〕錢穆：《學問之入與出》，《學篇》，北京：九州出版社，二〇一〇年，第一五九頁。

四、本譜版本

本譜為木刻本，一九二一年由潮安大街斲輪承印。版框長二十一厘米，寬十五厘米，四周雙欄，僅卷三『世表』有界欄外，餘諸卷無界欄，版心花口，上端為每卷篇名，下端有『潮安大街斲輪承印』八字。在『目錄』中，卷八『藝文』下標有『記』一項，在內文則未見此内容。

據饒春傑所言，本譜一度在大陸失傳，原本為饒氏子孫携出至印尼。一九八一年，家譜在臺灣由十九世旭彬整修重印，後於一九九一年在香港重印。[一]

案：《潮安商報》一九四七年十月十二日第四版『潮安文獻旬刊』的『鳴謝贈書』中有饒宗頤先生贈《饒氏族譜》與潮安文獻委員會的報道，可見此譜在民國年間仍存在。又廣東省中山圖書館、汕頭圖書館學會編的《潮汕文獻書目》載，僅廣東省立中山圖書館有藏。[二] 饒春傑所謂『一度在大陸失傳』，當係遭『文革』秦火所致。

餘　話

本譜影印原未列入『潮汕文庫』整理計劃，後因適逢饒公宗頤百齡壽誕，主事者誼借助此譜為壽禮，君子之交淡如水，勝過其他方式多多，遂委余承任此項工作，蓋認為予曾受潮汕歷史文化中心委託，承擔了《饒鍔文集》的整理工作。經權衡再三，毅然接下此任務。這是因為，下走雖在幾次學術研討會中瞻仰過饒公風采，卻未嘗親聆教化，但民

[一] 饒春傑：《十八、十九世紀潮州的家族經濟與士紳階層的價值取向——讀〈潮安饒氏家譜〉》，《華學》編輯委員會編：《華學》第七輯，廣州：中山大學出版社，二〇〇四年，第七九頁。案：一九九一年的香港重印本（實為複印本）是據一九二一年本影印的，惟在卷三『世表』中十八世賓珪（興榆子）界欄下用打字方式增補四子旭聲夫妻、賓珪三女及夫婿姓名，賓珪次子旭琳界欄下增補上妻子、三子一女和配偶姓名等諸項，使原譜由記載十九世增至二十世。並用原版之版框用打字方式增加旭琳重印家譜附述《記一九二一——八一年事略》一文，對有興趣之讀者研讀這個家族此後之變遷有一定的參考價值。

[二] 廣東省中山圖書館、汕頭圖書館學會編：《潮汕文獻書目》，廣州：廣東人民出版社，一九九四年，第八五頁。

國《潮州志》〔一〕、《饒宗頤潮汕地方史論集》〔二〕、《饒宗頤二十世紀學術文集》〔三〕（因工作之便）、《饒宗頤學述》〔四〕等是案頭常備之書，又先後參予整理了《潮州三山志》〔五〕《饒鍔文集》〔六〕《潮州志補編·人物志》〔七〕等，撰寫了《略論葉恭綽對饒宗頤治學道路的影響》〔八〕《饒鈍庵先生學術年表初編》〔九〕《家學與傳承——以饒鍔、饒宗頤父子為例》〔一〇〕等論文，這使我以另一方式得以親承謦欬，此又何其幸焉！二〇一六年更得饒公賜題書簽以相勖，此經過，我曾有文敘及，錄之如下：

二〇一六年七月二十五日上午，《蓮蓮吉慶——饒宗頤教授荷花書畫巡回展》在潮州市饒宗頤學術館揭幕。從饒公問學二十八載的著名學者郭偉川先生莅潮，在展覽會又得機緣相聚。先生問及近來學業狀況，在做什麼題目。告之接省委宣傳部重大專項『潮汕文庫』大型叢書中整理饒鍔先生主修的《潮安饒氏家譜》，並想請先生代向饒公求此題簽。郭先生言，此乃饒公家譜，請他老人家題簽理所當然，滿口應承。他提獎後輩、俠義熱情洋溢言表，令人感佩！幾個星期後一個夜晚，先生來電，言已與饒公說及，清芬老師問及此書是否為饒鍔先生所主修，能否寄些材料以供參考？先生要我將資料儘快寄與他，他再轉呈饒宅。我將《潮安饒氏家譜》中有關饒鍔先生的主修資訊文獻擇要複印，並將為其所寫導言《讀〈潮安饒氏家譜〉劄記》一並寄上。郭先生收到後，即呈送饒宅，並來電告知饒公這幾天身體欠佳，為這本書題署得莊重，迨精神好再來寫。到了九月，郭先生在一次通話問及題簽收到否？告以尚未。先生言他這幾天要到饒宅請安，再催問一下。在十月的某一上午，我終收到先生的掛號信，『潮安饒氏家譜　百歲選堂』寫在八開的宣紙

〔一〕饒宗頤總纂：《潮州志》，潮州市地方志辦公室，二〇〇五年。
〔二〕黃挺編：《饒宗頤潮汕地方史論集》，汕頭：汕頭大學出版社，一九九六年。
〔三〕饒宗頤：《饒宗頤二十世紀學術文集》，北京：中國人民大學出版社，二〇〇九年。
〔四〕饒宗頤述，胡曉明、李瑞明整理：《饒宗頤學述》，杭州：浙江人民出版社，二〇〇〇年。
〔五〕黃仲琴、饒鍔、饒宗頤輯，陳賢武整理：《潮州三山志》，政協潮州市委員會、潮州市地方志辦公室，二〇〇六年。
〔六〕陳賢武、黃繼澍整理：《饒鍔文集》，香港：天馬出版有限公司，二〇一〇年。
〔七〕饒宗頤總纂：《潮州志補編》，潮州海外聯誼會，二〇一〇年。
〔八〕陳賢武：《略論葉恭綽對饒宗頤治學道路的影響》，《韓山師範學院學報》（社會科學版）二〇〇四年第二期，第十六至二二頁。
〔九〕陳賢武：《饒鈍庵先生學術年表初編》，林倫倫主編：《饒學研究》（新版）（第一輯），廣州：暨南大學出版社，二〇一四年，第二〇五至二四一頁。
〔一〇〕陳賢武：《家學與傳承——以饒鍔、饒宗頤父子為例》，《湖南人文科技學院學報》二〇一四年第四期，第八八至九九頁。

上，蒼勁有力，已達『人書俱老，再歸平正』（饒宗頤《論書十要》）境界。鈐有『饒宗頤印』『選堂』二印。並有郭先生函：『據饒（清芬）小姐說，饒公寫了幾次都不理想，直至此次方揮就，顯然費心力。看上去神采骨力都還不錯。』並言饒公因眼力不便，讓人把拙文讀了一遍給他聽後方動筆的。聽後，我心情久久不能平靜，在電話只能連聲說『謝謝……』[二]

惜好事多磨，因手頭所掌握僅係一九九一年香港重印本，送交出版社因有些漫漶而耽擱，未能附驥饒公百歲壽誕，令人遺憾！無奈之下，轉而求助廣東省立中山圖書館，通過層層波折，想方設法，今幸得省館領導特批，按規程得到了掃描本，遺憾的是僅有下册，即卷五至卷九，而上册則遍尋無蹤，只能用一九九一年本補足，這是需要特別說明的。在這過程中，得到了潮汕歷史文化研究中心領導羅仰鵬、陳荊淮先生等的多次過問、協調，具體負責工作的黄曉丹女史認真細緻，又承曾楚楠、沈啟綿、郭偉川、林銳、陳景熙、李炳炎、孫杜平諸師長的熱心幫助，謹此致以深深謝忱！

二〇一八年二月六日凌晨，饒公在香港寓所遽歸道山，享年百零壹歲。遠聞噩耗，震悼曷極！感懷曩昔，愴吊彌深。謹借此書，心香一瓣，聊表寸哀。

陳賢武
歲次戊戌暮春於潮城積庵

[二] 陳賢武：《展題簽淚滿襟》，《潮州日報》，二〇一八年三月三日。

目錄

上编

潮安饒氏族譜

一九九一、九、一

香港 印

奕世同珍

潮安饒氏家譜目錄

主修兼撰述十八世孫寶璇

潮安大街斲輪承印

總綱

例言

一氏姓之書由來舊矣古者官有簿狀家有譜系以備選舉以通婚姻凡族姓有家狀則上之史官爲之考定詳實藏於秘閣副在左戶若私書有濫則糾之以官籍官籍不及則稽之以私書然則譜牒亦史之職也魏晉仕宦最崇門閥故四海有族咸有譜圖顧或重在土地如袁州諸姓譜冀州姓族譜是也或重在族望如京兆韋氏譜瑯琊王氏譜是已茲譜謂之潮安云者以限於潮安一隅也不云族譜而曰家譜者譜由我作僅詳於吾一家也

一譜者所以信今而傳後若原系不審苟託名望則失之誣無行可

潮安大街斲輪承印

紀褒美不倫則失之濫勿誣勿濫斯譜之善者歟如吾家元禮廷老伯永雙峯虎臣諸公或以經術顯或以文學稱或以義行推或以勳名著要皆聲施彪炳載在史册其與本支是否同出一系今已不可盡明故吾譜未嘗冒之託以自重若我之先世務本食力以農起家吾譜亦未嘗諱言焉君子之言簡而實蓋譜之作固欲力矯前人誣濫之弊也

一編書最重條理而譜學尤要欲條理之明斷不得不區以門類門類區矣又不可無目錄例言以總其綱是譜列門九一總綱二遺像三世表四家傳五墳塋六祠宇七蒸業八藝文九叢錄其中文字各以類從無相滲漏而務求簡覈故門類雖多成書祇一册而

已桐城姚鼐曰夫譜欲簡要而卷帙少俾子孫百世流轉海內易携以行茲之爲譜亦姚氏之意也

一像者象也所以象其容貌也人子於其親亡則哀思之哀思之不已則象其容貌而追慕之廟祭之日懸像於庭而享之記曰生以事死敬亡若事生此孝子追養繼孝悽愴之情氣機所觸感動於不容自已者也故茲譜首列遺像俾後人開卷得瞻先代典型則尊尊親親之念其勿油然而生哉

一表與傳一經一緯互相表裏而圖之與表又相爲表裏者也有表無傳無以識前言有傳無表無以明統系有表傳而無圖無以增厥思是以馬班作史表傳兼修後世譜學不明史臣或錄傳而遺

潮安大街斲輪承印

表惟鄭樵深識其失見誠卓矣而言不及圖者則當時測繪之學未精也茲譜於遺像之後著以世表世表之後繼以家傳而墳塋祠宇復居其次並繫以圖表傳則仿史法詳畧互著之例以闡幽隱而祠墓各圖又用以增厥思庶幾三者兼備矣

一蒸業之厚薄關於家族之興替古者有田則祭無田則薦微特祀宗妥佑之禮攸關即祀事之餘得少贍其仰事俯畜者子孫實利賴之昔賢謂惟祠宇能維宗法余則謂欲維祠宇不能無蒸嘗由此觀之蒸業之於家族不綦重哉故茲於先代所建祠田祠屋凡業之坐落畝數租項及現在領耕何人租居何人莫不一一詳載以昭慎重而垂永久

一國史邑乘例有藝文一門顧國史所載以學爲主故僅標書目邑乘所載以文爲重故專及詞章章氏學誠言修志宜别輯文徵而譏地志之彙聚衆體文章以錄藝文者爲不諳於著作條例章氏之言蓋明史法所當然也若夫譜牒之書既拘於一隅而又限於一姓先人著述無多似不必泥著作成例則家譜藝文之博載詩歌廣徵序記其勢不得不爾也惟前賢譜例藝文多限一家手澤茲則兼採他氏凡文筆之有關吾家掌故者咸著於篇而注名其下以便省覽

一小藏傳經有雜記之登選班生作志綴虞初之牘言良以窮端竟緒繁賾滋生發凡起例事以類聚亦有前聞軼事無類可歸者與

潮安大街斵輪承印

其依述錯見於各門，何如彙列[illegible]括爲一類，此郡志家乘所以有志餘一門也。茲譜之作，意本於斯，凡紀載之歧出、闕疑以俟攷、不能附麗於各門者，別爲叢錄一篇以歸納之，所謂合則雜若侯鯖，棄則惜同雞肋，過而存之，亦他日重修資料之一助也。

一古不諱名，周公作詩不諱，曾參父名晳，曾子亦不諱，諱之起，其始於秦漢之間乎？唐李賀舉進士，人以賀父名肅晉，賀舉進士爲非，韓氏退之深斥其說，至作諱辨以闢之。夫家有譜，猶國有史也，國史於某帝某王尚書其諱，況家譜乎？故雖子修譜例書父名，孫修譜例書祖名，非敢冒斥尊之嫌，誠以譜者所以紀世系、別宗屬，宜以諱書，亦便子孫得有所傳，而後世命名不至相冒犯也。

一吾宗遷潮近二百載而譜牒闕如寶璇竊不自揆有志修訂而遺老云亡舊譜零落罔惟先世隱德逸行莫可取徵即庭訓所貽吾高曾之矩矱其詳已不可得而聞矣今者獨力將事又倉卒急於成書未遑周諮博訪約略採掇自審於體例實未縝密所賴後人繼起匡謬析疑補所不逮則此篇其猶椎輪大輅祇能發其端倪

民國九年臘月　十八世孫寶璇修竟謹識

潮安大街斲輪承印

饒氏家譜序

饒子純鈞精攷據之學嘗出其手定家譜示予於饒氏得姓之始釐敘綦詳世表一門斷自所知尤得闕疑之義予曩於吾宗常有志通譜之輯格於勢未能思先爲家乘示後亦因循而不果也今覩此譜想予意矣抑猶有欲與饒子商榷者夫三代以上有姓有氏傳稱黃帝之子二十五人得姓者十二帝嘉禹德賜姓曰姒氏曰有夏胙四岳國賜姓曰姜氏曰有呂衆仲告隱公曰天子建德因生以賜姓胙之土而命之氏諸侯以字爲諡因以爲族族猶氏也杜氏釋例別而稱之謂之氏合而言之謂之族實一而已惟姓必受之天子氏可錫於諸侯故姓少而氏多春秋之時魯衛晉鄭

潮安大街斲輪承印

皆姬姓其公族有別爲數氏乃至十氏數氏者放當時賜氏之例大率取妻於王父字故叔牙之後爲叔孫氏季友之後爲季孫氏隱公八年司空無駭卒羽父爲之請族公命以字爲展氏無駭公子展之孫也服虔謂公之母弟以長幼爲氏所以貴嫡統庶子以字爲氏所以尊公族其說是也間亦有以官以邑爲氏者荀偃將中行因以中行爲氏畢萬封魏遂爲魏氏又有不在此例者士會之留處秦爲劉氏伍員之子在齊爲王孫氏智果自別其族爲輔氏凡此之類更僕難終然禮大傳有之繫之以姓而弗別言氏族雖分而姓不可易也自封建制廢賜族之典不行昔之所謂氏今皆爲姓矣源流於是乎始紊饒子據羅泌路史定得姓爲舜後以

正舊譜堯後之誤且援近世姚饒不通婚爲證其言當矣然武王有天下封舜後於陳實陳姓所自出陳完奔齊別爲田氏後世因爲田姓不聞田陳之不通婚即饒氏於二族亦未聞有聯姻之明禁也姚饒不通婚之故疑別有在非因同出舜後而然且路史明言胡盧潘虞皆舜後矣何獨顧慮於姚孔子曰多聞闕疑又曰吾猶及史之闕文也饒子世裘始四郎不敢遠冒以誣其祖可謂能闕疑矣路史之說存以備考可也因其問序附論及之他日有暇得搜輯從事吾譜當與饒子釐定其得失饒氏此譜其爲吾先河乎

中華民國十年歲次辛酉仲春之月　鄭國藩曉屏氏序

臨川譜原序一

元祚告終大明繼世予以菲才遭際隆盛四方餘孽殘黨悉既底平海陬貢獻輸納者樓船千艘旆旌夾岸蓋聖主德威普徧未有盛於今日者也今歲春有臨川饒氏伯基亦以兌納赴京攜其家譜一冊邀宗人博士仲恭教諭仲謀進見乞言以序其首予與饒子弟兄素有忘年之好夫豈容默令觀饒氏家譜先世先代名卿士大夫纍纍不少近世又有御史大夫殿幹貢者聲績煒煒雖經數世猶駭人心目且考其來裔又自饒州白干流派宜黃東源歷灌江至水口宋景定間方居長源愈盛於中又有豪傑俊偉名播縉紳富甲郡邑爲饒氏綿綿瓜瓞之盛者自有來矣奚俟予言聊

書此於譜首云

大明洪武十七年歲在甲子鳴蜩月朔二日吉旦誥封誠意伯前

國師弘文館學士括蒼劉基序

臨川譜原序二

余族肇自宋末因紅巾賊亂焚掠鄉郡舉家奔竄故宗系遭燬予年弱冠適當其時幸遇太祖高皇帝繼天立極新命一頒羣雄歛跡舉族始回籍安處先君志達公食息之間每悼家系無據時隱淸公八十五歲熟記前譜命余侍側誦其畧云饒得姓於唐堯都平陽後世避秦益食爲饒遷居鄱陽白干是爲饒氏發源總脈太始祖元亮公仕唐德宗爲按撫兩考轉任浙西賜紫金魚袋五世孫信賜紫金光祿大夫遷居城南仙源鄉亦命名白干不忘本也生四子曰勳烈熊熊勳烈熊俱遷居住於白干譜系之下熊之子肱仕南唐爲崇仁令因往宜黃悅其東源山水之秀遂遷居此地

肱生淮淮生裴爲御史中丞生三子曰君俊君澤君儉君儉徙灘江君澤徙神岡君俊嗣居東源派衍東山廿竹是其一支所流也後君儉生二子道拱道忻時君儉爲萬石長常住撫城輸納道經水口因其水有八十四源之會藏風聚氣地冠吳最遂分幼子道忻公居於水口焉道忻公至吾予平公僅七世又至水口遷居長源上祖卒塋雖未周知畧記一二汝以紙筆發記以爲後日之徵數年荷蒙聖治始會族人思遣子輩等通將先後族支次第編集適予進京携見宗人仲恭翁翁甚喜因見劉國師請文以序其首使後之子孫知先代源流之所自

洪武十四年辛酉歲孟春望後九日二十三世孫伯基撰

按上两序皆載松口譜首其實臨川譜序也伯基一篇又被鈔胥攙越割裂中多訛字因無別本可訂正僅就淺顯易見者畧爲釐定貫爲一篇並標以臨川原序等字以從核實又序中所稱信公生四子勳烈熊熊伯基乃熊公之後世仍居臨川若幽粤之饒則皆熊公之苗裔也 實璇識

潮安大街斲輪承印

大埔譜原序一

族譜何爲而作也士君子爲親而作也曷謂爲親而作也遠不系焉富不附也貧不棄也系疎遠則昧於尊所自出附富貴則崇於他族棄貧賤則畧於本宗枉正倫之通誼南語貧賤則不棄矣而或附於他族焉郭崇韜之拜汾陽語富貴則不附矣而或忘其本宗焉是以蘇老泉之不祇味道而斷自情親始者不親盡也狄將軍之卻梁公像而不敢自是者不妄附也君子謂正倫之通誼不若老泉之不及之爲愈崇韜之拜不若狄青之不受之爲賢作譜者可不知其故哉潮之神泉饒氏江右故族也宋末曰四郎者因其父宦遊庽于閩汀之八角樓亦因居遷于潮之神泉風土之美

潮安大街斵輪承印

遂藉以居焉四郎兄弟四人長居武平次居上杭三居龍岩而譜皆不及者析久而失稽故也四郎生素樸素樸生種德種德生紹興以下凡今九世子孫蕃衍皆備書之尊所自出也仕不仕皆書直無隱不棄也顯而非本族者不敢自附也非知譔法焉足語於斯予嘗觀譜東南世家奕品秩遝篇金紫滿卷及考其詐僞者多矣南豐曾子固曰實則爲敬其親僞則爲誣其先不可以愼哉饒松峯老人孟廉賢而達禮心無一毫之妄故譔法不紊而工如此厥子景玉尤爲族之首推允副而翁之芳躅次子景礪金盃遊郡庠登丁酉鄉薦聲名日以大文章事業日以著蓋將廓前人之澤而丕大之又能知所先務拳拳以譜諜是圖以爲舊法泥於牽強

乃倣歐蘇遺式依次編成遂謀族衆以爲修輯之計譜旣成屬予文序觀是譜正有以得乎作譜之法也其條畫如春秋年表而鋪敘適宜也其昭穆如太師陳樂而敷衍有倫也其敘事如禹貢行河而疏導有次也噫斯譜也是則所謂貧不棄富不附而能尊所自出者歟饒氏子孫昌盛踵武而至於後者將必本於斯矣詩有之云風雨如晦鷄鳴不已吾於饒氏葢深望焉

時宏治元年歲在戊申夏五有端午日鄉貢進士盱江何昱譔

大埔譜原序二

本宗自宋末四郎公占籍于潮之神泉即今大埔縣治也六傳至高祖松峯公始有譜修於宏治戊申年迄今又六十餘載中更寇擾播遷譔譜遺散殘缺者多兼之時移世更故老日以凋謝生齒日以繁衍分析日以疎遠既無譜譔可稽於是族之人始有交接於前或昧於所自出殆相視如途之人者多矣夫途之人喜不慶喪不弔婚姻不相助貧乏不相賙患難不相恤德業不相勸過失不相規其休戚得喪漠然不相關涉今族之人雖有親疎之殺然皆同吾宗祖之所自出推吾祖宗之心則豈宜若是恝哉是故士君子之處宗族蓋必不以薄爲道矣吾懼夫宗譜之遺逸而漸流

於薄也爰於嘉靖丁未之歲以南曹郎歸省家庭迺訪求遺譜咨詢故老殘缺者續補之宜增者採錄之傳訛者更訂之質俚者修飾之遠倣歐蘇之遺式近採中原之文獻其譜法之大畧備見于凡例而凡族之人其生平之年月婚配之姓氏平生之履歷男女之嗣續歸葬之墳塋遷移之居址可以一展卷而得之矣由是推吾祖宗之心自吾父兄以上至於族人之父兄尊不同而敬同自吾子弟以下至於族人之子弟親不同而愛同是故同此譜者同此敬同此愛也愛敬之心既同則其喜喪之慶弔以及婚姻貧乏患難安得不相助相周相恤哉相勉以善同歸於迪吉之休相規其過同免於從凶之咎而敦厚之風禮義之俗藹然遍於閭里矣

然則族譜之修豈非崇本善俗之一助哉嗚呼譜旣修矣觀其譜而敦其實推吾祖宗之心而溥其愛敬之念是在吾同譜者加之意焉嘉靖甲寅歲二月之吉十世孫江西按察司整飭饒州兵備道副使相謹序

按坤邑族譜自明宏治迄清乾隆中間凡經數修原序頗多繁不勝錄茲擇其最初一二篇錄之以去四郎公未遠譜中所紀大半吾松口饒氏所共戴也 實璇識

潮安大街斵輪承印

饒氏得姓考

饒氏得姓唐以前譜諜之書之可考者咸莫明其所自出應劭風俗通何承天姓苑皆云饒姓也而不云系出何氏舊譜相承唐堯之後食邑於平陽因益食爲饒以平陽爲郡望帝王世紀云堯娶散宜氏之女曰女皇生丹朱又有庶子九人皆不肖考堯十子丹朱封於房其後爲房氏丹氏防氏庶子九人其封於留者爲劉氏其封大夏者爲唐氏擾氏御氏其封於鑄者爲祝氏鑄氏隨氏其遷杜者爲杜氏扈氏等氏其封於傅者爲傳氏其分於冀者爲冀氏潛夫論氏姓篇所載帝堯之後亦未聞有封平陽以饒得姓者是饒氏不出於堯明矣夫訓詁之書莫古於許君說文說文一書

本乎蒼頡史籀而作其訓饒爲飽則蒼頡造字時當有此文又不應於堯之子孫方盈食以爲饒也然則饒何出乎間嘗博稽羣籍蓋出於虞舜之後也路史稱舜庶子七人皆釐降於齊人非胡負遂盧蒲衡甄潘饒姚虞皆其裔也則饒之出於舜羅泌固已言之而國名紀又云饒有虞氏後下注云今之西城有姚虛本曰饒汭有舜祠或謂舜居於此世本姚虛作嬀虛漢書地理志亦作嬀虛尚書堯典水經注並作嬀汭困學紀聞作饒內故宋裒注曰其後或姓姚或姓嬀不云姓饒者裒所見本不作饒也蓋姚饒同聲古通近世姚饒不通婚之說或本此歟此饒氏出於舜之明徵也然西城乃漢中郡縣饒氏之望無由出於平陽疑舜所居嬀汭非在

西城史記五帝紀虞舜冀州之人也耕於歷山漁於雷澤又云堯飭下二女於嬀汭以妻舜史遷既明言舜乃冀州之人而歷山雷澤皆出蒲州河東縣正義索隱所釋嬀汭二水亦謂異源合流出蒲州河東南山而尚書孔疏亦云嬀水在河東虞鄉縣歷山西西流至蒲坂南入河是嬀汭乃河東水名實不屬於西城也平陽蒲州古同爲冀州之域秦併天下其地又同隸於河東舜都蒲坂其子孫或溯汾水而散處平陽故饒氏以平陽爲郡望也有謂饒乃嬴姓齊大夫采邑以爲氏尤與望出平陽不合考古平陽地有五禹貢冀州平陽堯之所都也（今山西平陽府）左傳越子使后庸來盟於平陽春秋之魯邑也（今山東鄒縣治）衛莊公飲孔悝於平陽春秋之衛邑也

（今河南滑縣平陽亭）史記秦寧公徙居平陽春秋之秦邑也（今陝西岐山縣西南）秦敗趙將扈輒於平陽戰國之趙地也（今河南臨漳縣西古有平陽城）凡平陽之見於載者如此春秋齊實無平陽若以戰國時爲併於齊爲之平陽即爲齊地則戰國齊地實名南陽不謂平陽也齊大夫既采邑於饒饒古屬青州而南陽乃兗州之地又不應以平陽爲望也夫宗法之廢久矣後世所賴以奠繫世辨昭穆者厥惟譜諜魏晉六朝之間學士大夫矜尚族望故譜系之學最盛隋唐以降斯學寖微然歐陽作史於宰相世系列其先世猶能推究本源言之鑿鑿今則譜學失傳六朝舊籍百不存一而子姓或因遷徙他方別族異居所見所聞不能稽及五世甚至莫知受姓所由來斯則史諜之闕典鄭樵所

由深慨也如本宗受氏之始舊譜謂出自唐堯乃考之群籍絕無徵驗若不及今爲之證正則後此百年古書淪沒益莫爲之徵矣

民國九年歲次庚申臘月望日十八世孫寶璇謹譔

昭穆奕世名次小序

滾承祖蔭業儒進泮補增旋援例貢成均四十以後課徒諏吉以度天年猶憶少時十四世叔祖顯聲公者由松口帶來族譜一本爾時是十五世祖協華公當事公受而示我輩曰此吾族之譜也祖德不可忘世系不可亂你等須警誌余惓惓於心六十年來矣暇時不敢偷過常取譜繙閱茲則鈔正之序直之而於十二世始至四十三世止仍舊增新約以四言八句爲子孫傳接作名次序自十九世旭字以下字字藏有數目俾我族諸人按字即畧知其第幾世而前後不紊世代可攷若夫振作有爲光耀先人惟望後人之有志而已是爲序

潮安大街斲輪承印

仕昌協顯　亘興見旭　冠精史綱　蘿常雍述

泰齡魁世　分川泗語　宮襄駿思　強執社輔

旭字有九可數記十九　冠去聲古二十而冠　精精一　史二十二史　綱三綱

蘿字首廿四　常五常　雍第六　述第七　泰第八

齡九齡　魁魁中有斗象三十　世卅一　分易經分而爲二以象兩　川三也

泗有四字傍　語中有五字　宮三十六宮也　襄七襄　駿八駿

思九思　強四十強仕　執執一　社魯兩社　輔唐三輔

十六世孫良濱敬錄

唐太始祖元亮公像

遺像

潮州紹銘永印

埔邑始祖四郎公像

潮州[illegible][illegible]承印

遺

松邑始祖元貞公像

潮州紹銘大印

十四世祖顯科公像

十四世祖妣慈順張氏媽像

遺像

潮州紹銘承印

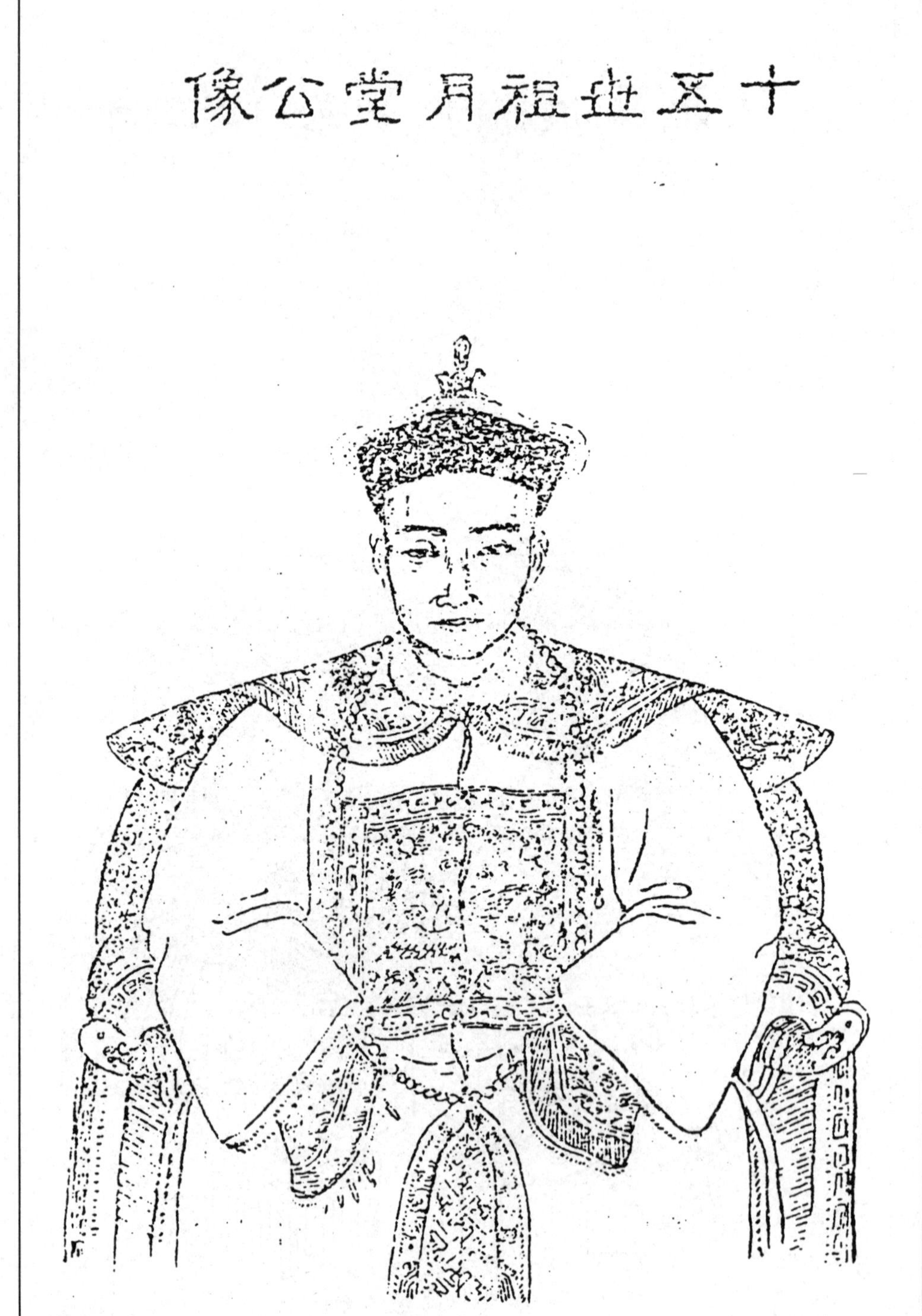
十五世祖月堂公像

遺像

十五世祖妣克誠吳氏媽像

潮州紹鉊水印

十五世祖仙梯公像

潮州紹銘承印

十五世祖妣淑身劉氏媽像

遺像

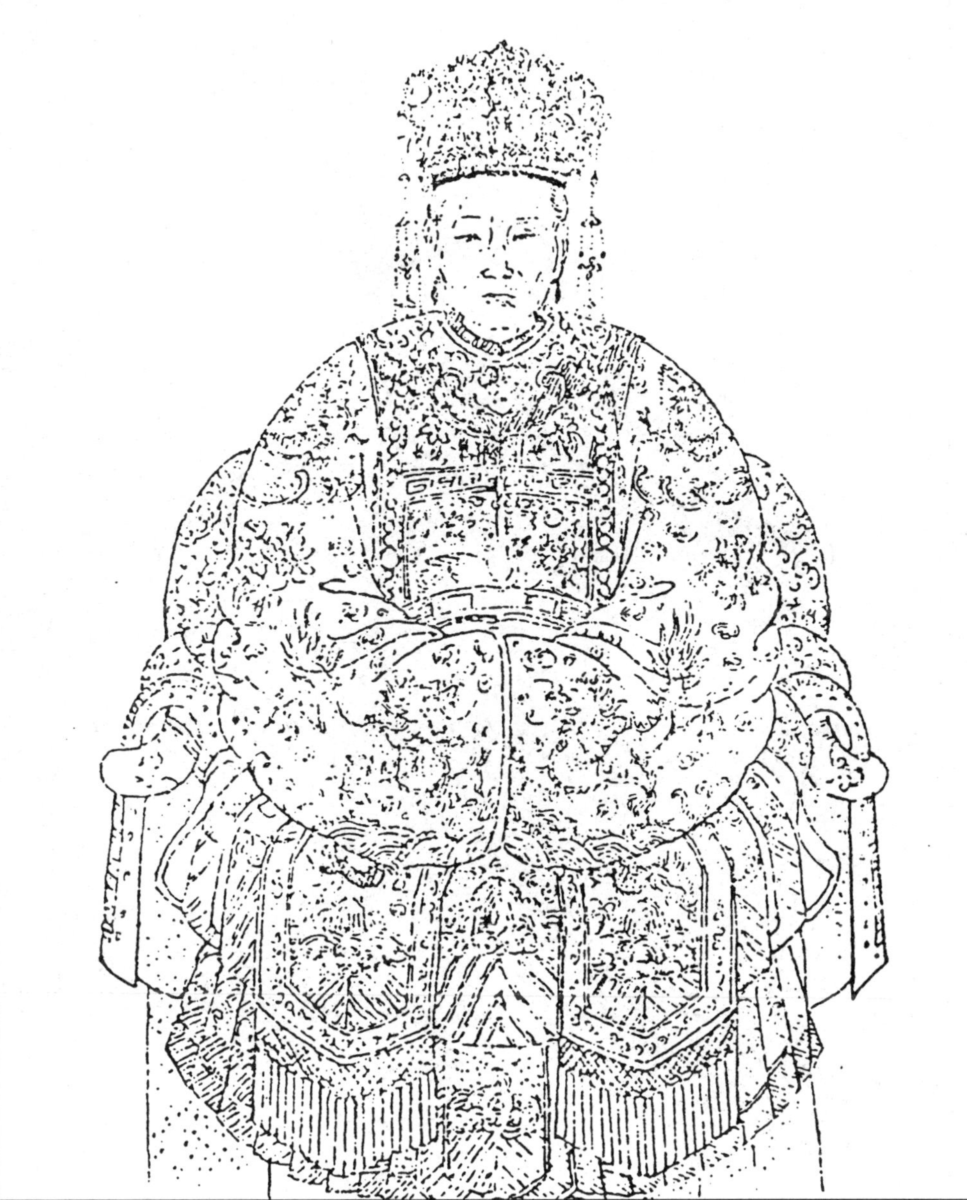

潮州紹任承守

遺像

十六世祖少泉公像

潮州紹銘永

十六世祖妣德正湯氏媽像

遺像

潮州鉊招水印

遺像

十六世祖妣德賢劉氏媽像

潮州經紹承印

世表

饒氏系出虞舜其著名舊史自漢鄱陽太守威始唐時有曰元亮者仕德宗爲按撫使封光祿大夫元亮子威虎官散騎常侍遷居臨川故饒氏又有臨川之望四傳而生勳烈熊羆熊曾孫舜卿當太平興國遷居吉安之樓源其苗裔復由樓源徙居永豐宋末有爲汀州府推官子孫遂散處武平龍巖上杭等處其居大埔者曰四郎族最盛寶璇之先世實由大埔遷居梅州松口後更由松口而遷海陽我饒氏自來海陽至寶璇七世矣傳世既未遠久子姓又不繁多然清門華胄科第累葉相繼寶璇往者嘗訪譜松口大埔稽其世次淵源皆以元亮公爲太始祖茲因年世太遠不無傳

潮安大街斲輪承印

聞與辭姑錄於此而世表則斷自四郎公所謂記其所可知而畧其所不可知亦闕疑存軼之義也

埔邑原籍	
始世	**四郎** 先為江西吉安永豐縣經岡鄉人隨父仕福建汀州府推官避宋末亂寓居汀之八角樓由閩遷粵開基大埔子一仕泰有傳
二世	四郎子 **仕泰** 諡樸素娶楊氏子一國寶有傳
三世	仕泰子 **國寶** 諡種德娶張氏子三元亨元利元貞有傳
四世	國寶長子 **元亨** 無嗣 國寶次子 **元利** 諡紹興娶卓氏介甕松山倒蘿口子三孔彰孔文孔輔案今大埔饒氏皆元利派下子

世		
一世	國寶三子 **元貞** 號念二郎元末由大埔縣遷居嘉應州松口之銅盤鄉爲始祖娶何氏朱氏子一欒隱有傳	
二世	元貞子 **欒隱** 號十二郎娶李氏子二仲榮仲華有傳	
三世	欒隱長子 **仲榮** 遷居大埔縣岡三河垻 欒隱次子 **仲華** 娶戴氏子三泰慶智有傳	
四世	仲華長子 **泰** 字惇德娶張氏子一萬金有傳	國寶三子 **元貞** 姓孔彰之後傳禮樂射三房孔文之後傳御書二房孔輔之後傳數字一房孫枝繁盛稱爲茶陽甲族
五世	泰子 **萬金** 謚清簡娶宋氏子三邦恩邦憲	

五世

泰子
萬金
謚清簡娶朱氏子三邦恩邦憲邦忠有傳

六世

萬金長子
邦恩

萬金次子
邦憲
謚英偉娶徐氏子一泗濱有傳

七世

邦憲子
泗濱
謚侃正娶廖氏子五立恭立寬立信立敏立惠有傳

八世

仲華次子
慶
無嗣

仲華三子
智

泗濱長子
立恭

九世

邦忠有傳

潮安饒氏家譜 卷 世表 三

泗濱次子 立寬

泗濱三子 立信

泗濱四子 立敏 諡質厚娶鍾氏子三曰昂曰昜曰杲有傳

立敏長子 曰昂

立敏次子 曰昜

立敏三子 曰杲

潮安大街斲輪承印

九世

立敏次子
日昜
諡彥士 娶梁氏 子二 永鐸 永鍾 有傳

十世

萬金三子
邦忠

日昜長子
永鐸
諡淳睦 娶李氏 張氏 子五 文璇 文友 文琦 文星 文祥 有傳

十一世

永鐸長子
文璇

永鐸次子
文友
諡良厚 娶沈氏 子七 仕衛 仕保 仕侯 仕偉 仕傳 仕麟 仕儒 有傳

十二世

泗濱五子
立惠

文友長子
仕衛
無嗣

文友次子
仕侯
諡勤直 娶王氏 子一 昌玖

十三世

[illegible]長[illegible]
昌玖

仕保
文友三子
諡樸直娶蔡氏子四昌貴昌和昌達昌茂公由松口遷居潮州府烏石寨遂爲海陽始祖有傳

昌貴
仕保長子

昌和
仕保次子

昌達
仕保三子

昌茂
仕保四子

潮安大街斲輪承印

子六友文　子五友文　子四友文

仕麟　仕傳　仕偉

宙昌峯子娶諡
岳昌四林德
昌都昌氏厚

年昌三十氏懿十卒諡
發昌四壽操三年勤
昌雍子六林娶六耐

子長麟仕　子三偉仕　子次偉仕　子長偉仕

昌峯　昌年　昌發　昌雍

潮安饒氏家譜 卷 世表 五

永鐸三子
文琦

文友七子
仕儻
卒於某年十二月初四娶信玉張氏卒於某年十二月廿六子

仕麟次子
昌都

仕麟三子
昌岳

仕麟四子
昌宙

仕儻子
昌魁

潮安大街斷輪承印

十三世		仕侯子 昌玖 諡淳樸娶淑勤陳氏子一顯星	仕保長子 昌貴 葬二塘馬肚娶林氏無嗣
十四世	日昜次子 永鍾	昌玖子 顯星 無嗣	
十五世	永鐸四子 文祥	永達五子 文星	
十六世	一昌魁道光元年九月初一移金合葬二塘內割後坑土名碣頭		
十七世			

作保次子
昌和
卒某年二月廿日葬二塘馬肚娶盧氏無嗣

作保三子
昌達
謚怡愉誥封修職郎壽九十三娶慈操葉氏子五顯登顯坤顯龍顯晉顯聲遷回泗坑原籍

昌達長子
顯登
娶梁氏子一

昌達次子
顯坤
娶楊氏子一

昌達三子
顯龍

潮安大街斲輪承印

仕保四子

昌茂

娶蔡氏子二顯科顯昭有傳

昌遂四子

顯晋

昌遂五子

顯聲

娶楊氏子一

昌茂長子

顯科

小名俟娶張氏子五協華協龍協進協登協光有傳

顯科長子

協華

小名英桂娶吳氏子四良錦良猷良洵良澤有傳

協華長子

良錦

小名成贊無嗣有傳

協華次子

良猷

無嗣葬西門外後溝埔

協華三子
良洵
小名成銳娶湯氏劉氏妾陳氏子四興槐興桐興榆興枚有傳

良洵長子
興槐

良洵次子
興桐

良洵三子
興榆

良洵四子
興枚

潮安大街斲輪承印

顯科次子

協龍

小名英舉，娶劉氏，子三：良濱、良溥、良渝，有傳

協華四子

良澤

小名成添，娶王氏，子二：興權、興樑，有傳

協龍長子

良濱

小名成選，邑增生，娶楊氏，子一：興榕，有傳

協龍次子

良溥

小名成援，娶鄭氏，子一：興棫，有傳

良澤長子

興權

良澤次子

興樑

良濱子

興榕

良溥子

興棫

潮安饒氏家譜

世表

顯科三子
協進
小名英秀娶洪氏三子成捷成章成鎮有傳

協龍三子
艮洵
出繼協泮

協進長子
成捷
無嗣

協進次子
成章
無嗣

協進三子
成鎮
無嗣

潮安大街斵輪承印

顯科四子
協登
出繼顯昭

顯科五子
協光
名應春，小名端陽，由拔貢登鄉榜，娶劉氏，子三：良澍、良渙、良湜，有傳

協光長子
良澍
小名成禧，娶朱氏，子六：紹凱、紹男、紹板、紹林、紹鴒、紹綠，有傳

良澍長子
紹凱

良澍次子
紹男

良澍三子
紹板

協光次子
良渙
小名成容邑庠生娶楊氏蔡氏子二紹勤紹勇有傳

良澍四子
紹林

良澍五子
紹鵠

良澍六子
紹祿

良渙長子
紹勤

潮安大街斵輪承印

昌茂次子

顯昭

小名鈴娶陳氏無出以兄顯科子協登爲嗣有傳

顯昭子

協登

小名英立娶丁氏子三良哲良浚良得有傳

協光三子

良湜

小名成全娶廖氏林氏子二紹宗紹曖有傳

協登長子

良得

娶林氏無嗣

良浚次子

紹勇

良湜長子

紹宗

良湜次子

紹曖

潮安饒氏家譜 世表 十

協登次子

良哲

小名成材娶洪氏子二紹文紹洪有傳

協登三子

良浚

小名成才娶林氏子四紹清紹傑紹謙紹達有傳

良哲長子

紹文

良哲次子

紹洪

良浚長子

紹清

良浚次子

紹傑

潮安大街斲輪承印

仕偉長子
昌雍
謚篤立子三顯章顯襄顯挺

昌雍長子
顯章
謚端義娶鍾氏子三錫奎繼奎纘奎

顯章長子
錫奎

顯章次子
纘奎
出繼顯挺

顯章三子
繼奎
出繼顯襄

良浚三子
紹謙

良浚四子
紹達

仕偉次子
昌發
謚剛睦子四顯華顯燿顯衍顯惠

昌雍次子
顯襄
謚謹素娶鍾氏無出以兄顯章子繼奎為嗣

昌雍三子
顯挺
謚安雅無出以兄顯章子纘奎為嗣

昌發長子
顯華
子一承奎

顯襄子
繼奎

顯挺子
纘奎

顯華子
承奎
娶陳氏子二添壽壬壽

承奎[illegible]子
添壽

承奎次子
壬壽

潮安大街斲輪承印

仕偉三子
昌年
謚侃毅子三顯政顯金顯韶

昌發次子
顯耀

昌發三子
顯尚

昌發四子
顯惠

昌年長子
顯政

仕麟長子
昌峯
子一顯達

仕麟次子
昌都
無嗣

昌年次子
顯金
娶徐氏
子一敬奎

昌年三子
顯韶

昌峯子
顯達

顯金子
敬奎

潮安大街斲輪承印

仕麟三子
昌岳
子一顯連

仕麟四子
昌宙
子二顯資
顯和

仕偹子
昌魁
無嗣

昌岳子
顯連
娶黎氏
子二標長
元長

昌宙長子
顯資

昌宙次子
顯和

顯連長子
標長

顯連次子
元長

十七世

良洵長子
興槐
小名長悅娶楊氏子二勛賓璜女二適陸有傳

十八世

興槐長子
勛
小名見儒號若呆生同治戊辰七月廿八日娶陳氏繼娶柯氏余氏妾楊氏子二旭光旭煌女二長適蔡

十九世

勛長子
景
小名旭光號少呆生光緒丁酉年二月初五日娶翁氏子一冠洋

勛次子
衍
小名旭煌號幼呆生光緒乙巳年四月二十日娶陳氏

二十世

旭光長子
冠洋
生民國六年丁巳四月初三日

廿一世

潮安大街斳輪承印

良洵次子

興桐

小名長儞號子梧生咸豐丙辰六月初三日娶鄒氏妾吳氏子四賓琛賓球賓璇賓瑚女三適蔡適林適柯

興槐次子

寶璜

小名兒烈號消卿生光緒己卯八月廿四日娶黃氏繼娶莊氏子一旭照女一

興桐長子

瑀

小名見欽原名寶琛字瑀初號墨笠生光緒癸未六月廿六日娶蔡氏繼娶林氏妾陳氏子三旭瀞旭濱旭潤女二長適王

寶璜長子

旭照

生民國壬子年十月初二日

寶琛長子

旭瀞

生光緒丙午四月廿三日

寶琛次子

旭濱

生民國三年甲寅正月廿日

與柵次子

寶球

小名見標，號次學，娶黃氏，繼娶倪氏，生光緒丁亥十二月初四日，卒民國辛酉年九月十二日

寶栥三子

旭潤

生民國六年丁巳四月十九日

寶球長子

永鋼

生民國八年己未正月廿二日

寅時年三十五子一永鋼女二

興桐三子

寶璇

小名見官號純鈞又名鍔生光緒辛卯三月廿五日娶蔡氏繼娶王氏子一福森

寶璇長子

福森

生民國六年丁巳六月廿二日

興桐四子
寶瑚
小名見周號楚章生光緒辛夘七月二十日娶邱氏子二錫坤錫欓

寶瑚長子
錫坤
生民國四年乙夘十一月十二日

寶瑚次子
錫權
生民國七年戊午三月初二日

良洵三子

興榆

小名長慶娶吳氏子四寶瑞寶琼寶珪寶瑢女二適林適晉右傅

興榆長子、

寶瑞

小名兒釗號靜岩生光緒丙戌三月初九日娶李氏妾李氏子一旭炯

興榆次子

寶琼

小名兒城號仰韓生光緒辛卯五月二十四日娶柯氏繼娶柯氏子一旭櫳女二

寶瑞長子

旭炯

生民國癸丑九月二十日

寶琼長子

旭櫳

生民國戊午八月二十三日

潮安饒氏家譜

世表

興檢三子

寶珪

興檢三子小名見敬號靜嵐生光緒壬辰閏六月初八日娶彭氏繼娶舒氏子三旭初旭林旭荼

寶珪長子

旭初

生民國癸丑元月初七日

娶蔡氏生子四女一

寶珪次子

旭琳

生民國丙辰十一月二十二日

娶妻廖雪芳子三三女一冠瀛冠宇冠詩女曼玲

旭琳長子冠瀛生一九三八年一月初一日娶妻梁美儀一九七三年二月廿七日生女慧意VIVIEN YUE

旭琳次子冠宇生一九四〇年八月十八日娶妻王少娟一九七三年十一月十四日生女慧敏CATHY YUE一九七七年四月

十六

潮安大街斲輪承印

與掄四子

寶璐

小名見
來號靜
軒生光
緒丁酉
十一月
二十四
日娶鄭
氏女一

寶珪三子

旭棻

生民國
己未十
一月二
十三日

娶陳氏

寶珪四子旭馨生
民國壬申娶妻周
氏

寶珪長女淑姬生
一九二三年適孫
志彰

寶珪次女淑玉生
一九二六年適陳
鴻烝

寶珪三女淑芳生
一九二九年適鄭
慶文醫生

廿二日生子精益
EDWARD YUE

旭琳三子冠詩生
一九四六年七月
廿八日娶妻DENISE
MARGARET YUE
一九七八年三月
三日生女意宜
SALLY

旭琳長女曼玲生
一九三四年七月
十三日適廖耀智
醫生一九六三年
生子力恩REX LIU
一九六八年生長
女湘麗SONIA LIU
一九七〇年生次
女仙麗CYNTHIA
LIU

良洵四子

興枚

小名長松號秋圃生光緒丙戌九月初十日娶邱氏妾張氏子二見鋒見捷

興枚長子

見鋒

生民國元年十一月十一日

興枚次子

見捷

生民國七年戊午十一月廿四日

潮安大街斲輪承印

良澤長子

興權

小名長興生咸豐癸丑正月初八卒民國丁巳十一月初三於暹羅旅次娶吳氏繼娶吳氏子一見銘

良澤次子

興樑

小名長儀生咸豐甲寅十二月二十六光緒某年卒於南洋娶鍾氏子一見光

興權長子

見銘

名寶璘號哲如生光緒癸未五月十六日娶陳氏子一旭熙女四長適方

興樑子

見先

生光緒辛卯年娶氏

見銘長子

旭熙

生光緒乙巳十月二十二日

良澂子

興璐

小名紹攀號子田生道光辛丑十一月二十九日卒同治丁夘年二十七葬龍空內紅花坑坐夘向酉兼乙辛娶憲柔余氏子一見曾

興裕子

見曾

字曉仙生同治癸亥六月二十六日卒光緒丙申二月二十七日年三十四葬西門外雨亭后土名大隆塢坐壬向丙兼子午娶斯節陳氏子一旭神女一適

見曾子

旭神

未冠而殁子一和尚

旭神子

和尚

生宣統三年

良溥子

興棫

小名紹炳字鏡汝生道光辛丑八月十三日卒光緒癸未九月初四日年四十三葬西門外雨亭後大龍塢坐子向午兼壬丙娶府氏子二見祥見輝女二適蔡適李

興棫長子

見祥

生咸豐庚申七月初八日卒光緒丁酉四月初三日於安南旅次年三十八娶李氏子一旭歎

興棫次子

見輝

生同治癸亥七月初五日娶洪氏妾某氏子二旭均旭同女一適謝

見祥子

旭歎

生民國九年卒於安南旅次

見輝長子

旭均

生光緒辛夘七月十七日卒民國四年十月十二日於安南旅次娶莊氏子一狗兒

旭均子

狗兒

生民國己未四月初三日

良謝長子
紹凱
娶氏子二牛乳猪仔

紹凱長子
牛乳
生光緒戊子十一月二十三日娶洪氏陳氏女一

紹凱次子
猪仔
無嗣

見輝次子
旭同
生光緒辛丑九月十四日娶吳氏

良澍次子
紹男
子一見升

良澍三子
紹板
生咸豐戊午九月二十四日卒光緒丙申十二月初六日年三十九無嗣

良澍四子
紹林
生同治壬戌十一月十一日卒光緒己亥六月初五日年三十八葬西門外睞艿屛無嗣

紹男子
見升
無嗣

良謝五子
紹鴻
出嗣外祖朱氏

良謝六子
紹祿
卒於南洋無嗣

良渙長子
紹勤
名廷輔號湘岩生咸豐己未二月初五日卒光緒丁未八月初十日年四十九葬北府都高厝塘晴川公

紹勤長子
見耀
號映亭生光緒己卯九月十五日卒宣統己酉三月二十八日年三十一葬西

見耀子
旭奇
生光緒甲辰十月初三日

潮安大街斯輪承印

墓左坐辰向戌兼乙辛娶黄氏繼娶余氏子二見耀見盛女二適陳

良渙次子

紹勇

卒於安南無嗣

門外蔡大人墓下坎土名夏厝山娶戴氏子一旭奇女一

紹勤次子

見盛

名麟祥號少岩生光緒戊子十一月廿二日娶陳氏子一旭東

見盛子

旭東

生民國丁巳二月十五日

良湜長子
紹宗
無嗣

良湜次子
紹嗳
號瀚初娶陳氏余氏妹氏無子以丙辰爲嗣

紹嗳子
丙辰

良哲長子
紹文
無嗣

良哲次子
紹洪
無嗣

良浚長子

紹清

娶謝氏無嗣

浚良次子

紹傑

名興毫生同治壬申八月初五日卒民國癸丑九月初三日壽四十二葬楊厝埔娶陳氏子二見秋見勳女三

紹傑長子

見秋

生光緒甲辰

紹傑次子

見勳

生光緒丁未

良浚三子
紹謙
生光緒丙子五月三十日癸隙氏繼娶吳氏女三

良浚四子
紹達
生光緒己卯

墳塋

潮安饒氏於清康熙間來自松口而始遷之祖爲仕保公自公以下六世塋兆皆在潮安仕保公葬東山長美坑配蔡氏葬東山烏石寨子四人季曰昌茂公葬登榮龍甑寨配蔡氏葬東廂白土山子二人長曰顯科公葬北廂高厝塘配張氏葬東廂烏石寨子五人長曰協華公配吳氏合葬西廂池湖鄉協華公初生子曰良錦未娶而歿葬東津涸鹽後以弟協龍公仲子爲嗣鍔璇之祖父也諱良洵字少泉配湯恭人劉恭人湯恭人葬東廂鳳棲嶺麓劉恭人與公合葬南廂後溝鄉生母劉氏之側子四人長興槐字瑗珊湯恭人出葬東廂白土山高祖母蔡氏之側次吾父興桐字子梧

潮安大街新輪承印

劉恭人出配鄭宜人長生壽藏卜築西廂花園鄉亡妻蔡氏祔塋
三興榆字蓮友亦劉恭人出配吳恭人合塋北廂新鄉先長嫂蔡
氏祔塋嗣孫贊璇曰古者禮既塋歸虞立主而藏於廟歲時伏臘
惟廟有祭而墓則否其意若曰墓以藏體魄而廟以宅神靈人子
孝思不忘則專精於廟斯已矣若夫送死之禮畢則邱墓之事終
祀而享之是藏其魄而反欲其生非先王制禮之意也然戰國時
已有祭於墦間者而漢制謁陵之禮特隆歷漢唐迄今自天子以
至庶人莫不行祭墓之禮地形家且有以地之吉凶卜子孫之隆
替其言雖渺茫君子弗道然往往有時而驗則祖宗神靈之所式
憑固不獨專顯于廟而後世省墓廬墓人子所以思慕敬共其親

若祖者又不得執古禮以繩今之非是也寶璇每歲隨伯叔昆弟拜掃先塋恒見人家廢塚纍纍荆榛交錯歷年不修以爲必絕後無歸之墓乃詢其子孫竟有家祚方盛族蕃且衆者噫夫祖宗所以欲有其子孫至于無窮極者亦貴其能不忘先人耳子孫而忘先人至於墓不修祠不享則子孫之盛衰榮悴於死者又何與然此寶璇修譜所由亟錄先代坟墓並繪以圖俾吾昆弟及後子孫相與觀之僉以是兢兢毋忘先人庶家業振興垂久而不替也至仕保公以上皆葬在梅州及葬于潮而非本支直系者或詳於傳或具於表茲則概從畧云

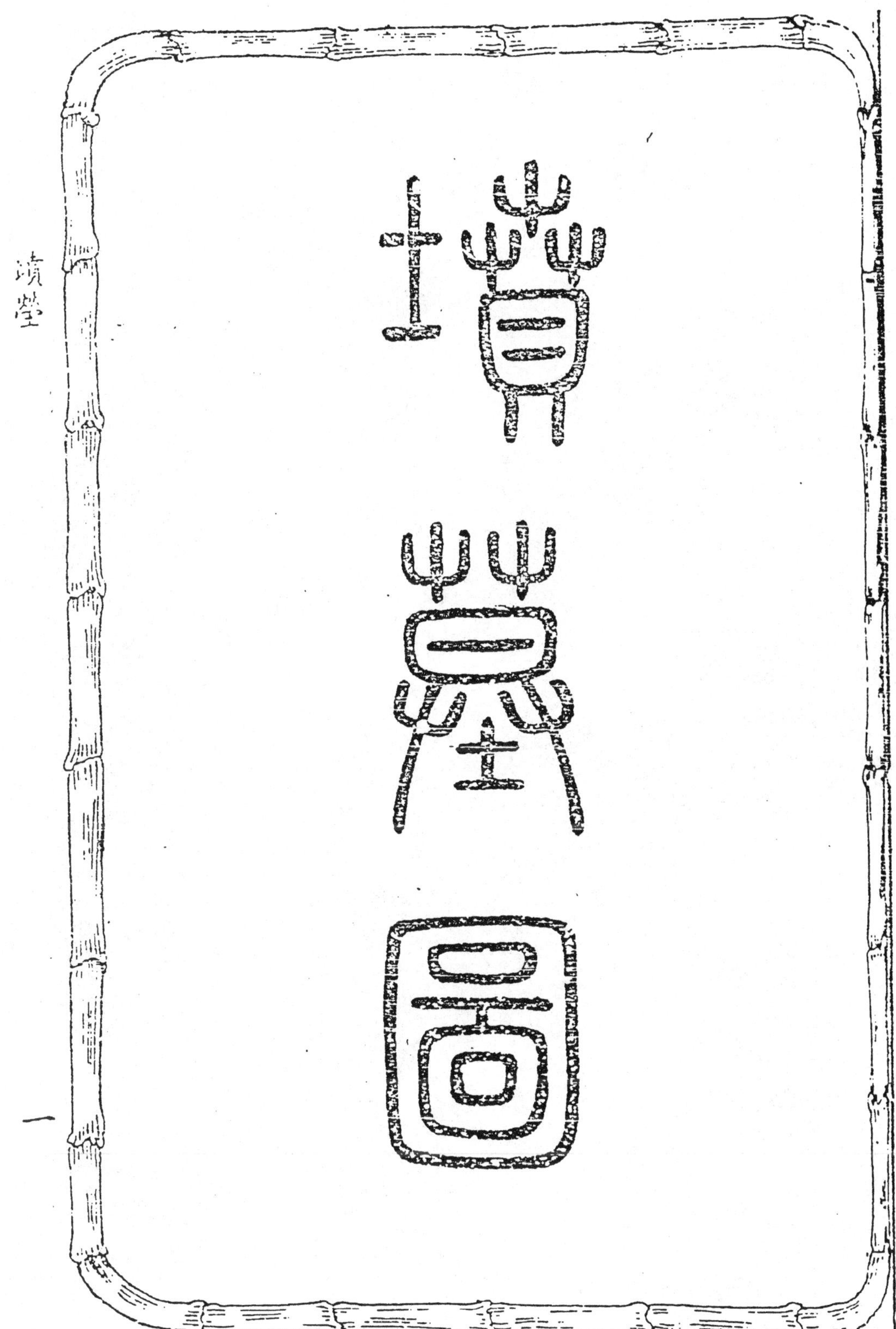
墳塋圖

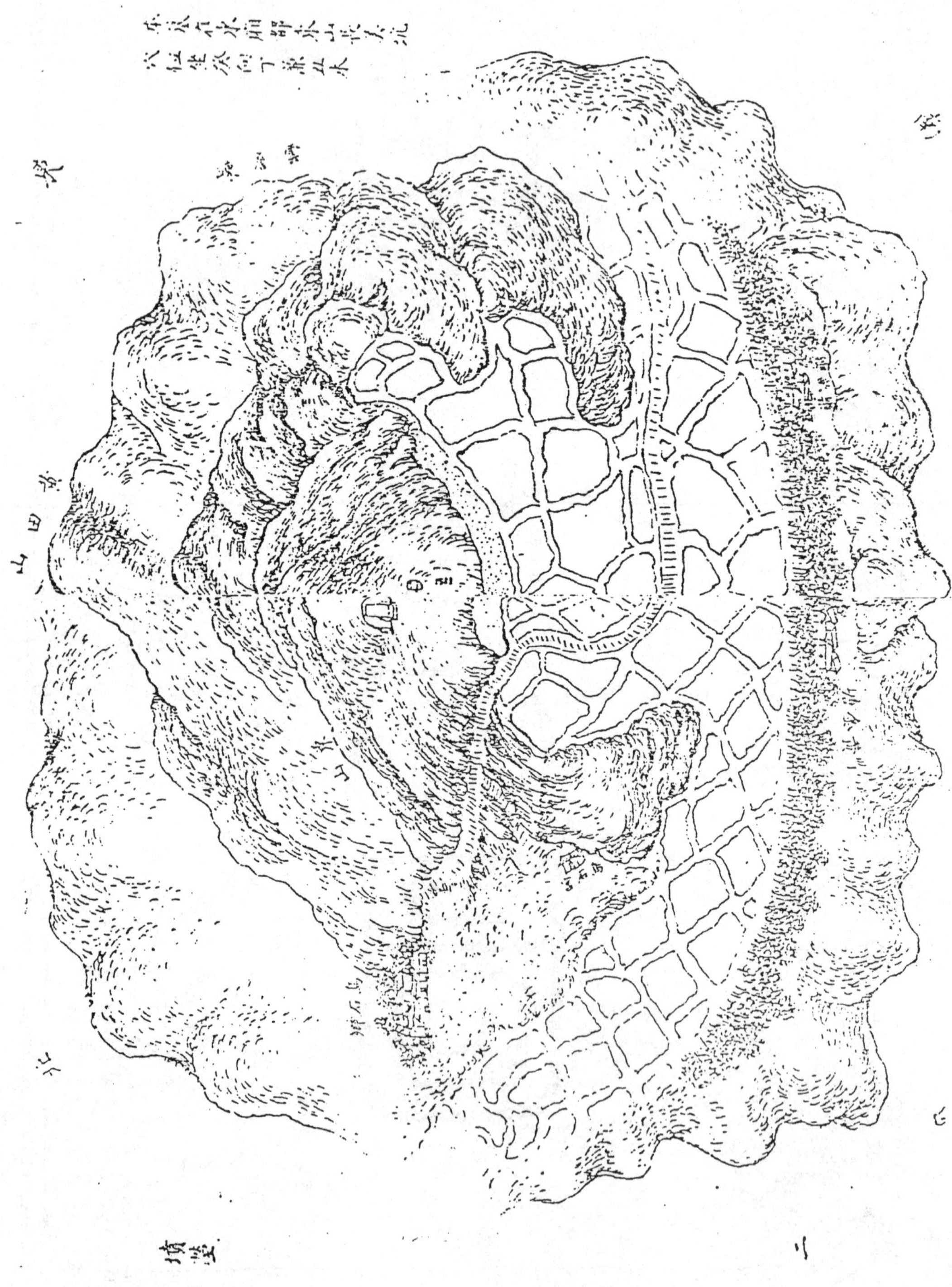
十二世祖仕梯公墓

十三世祖昌茂公墓

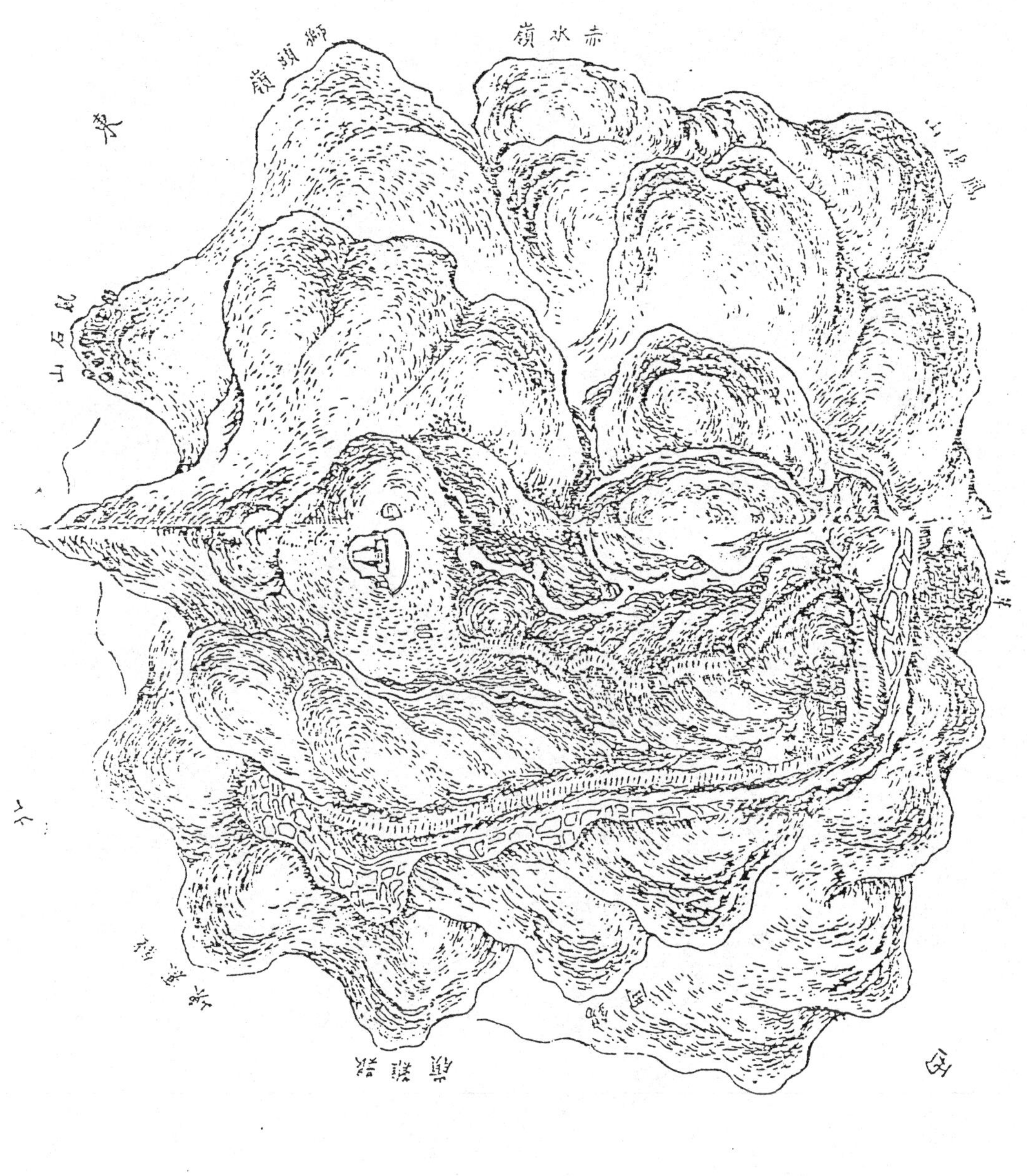

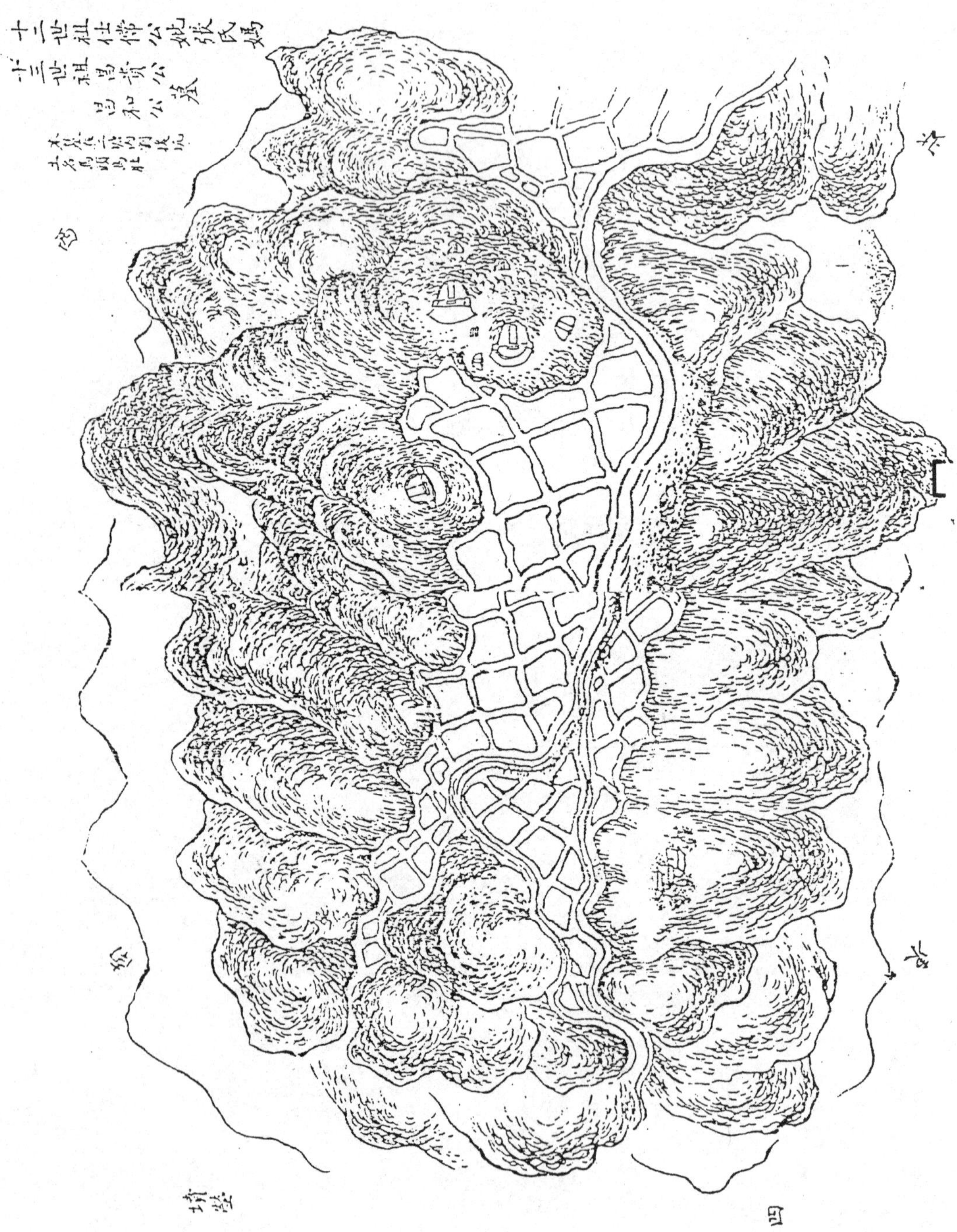
十二世祖仕偉公妣張氏媽
十三世祖昌貴公
昌和公
墓

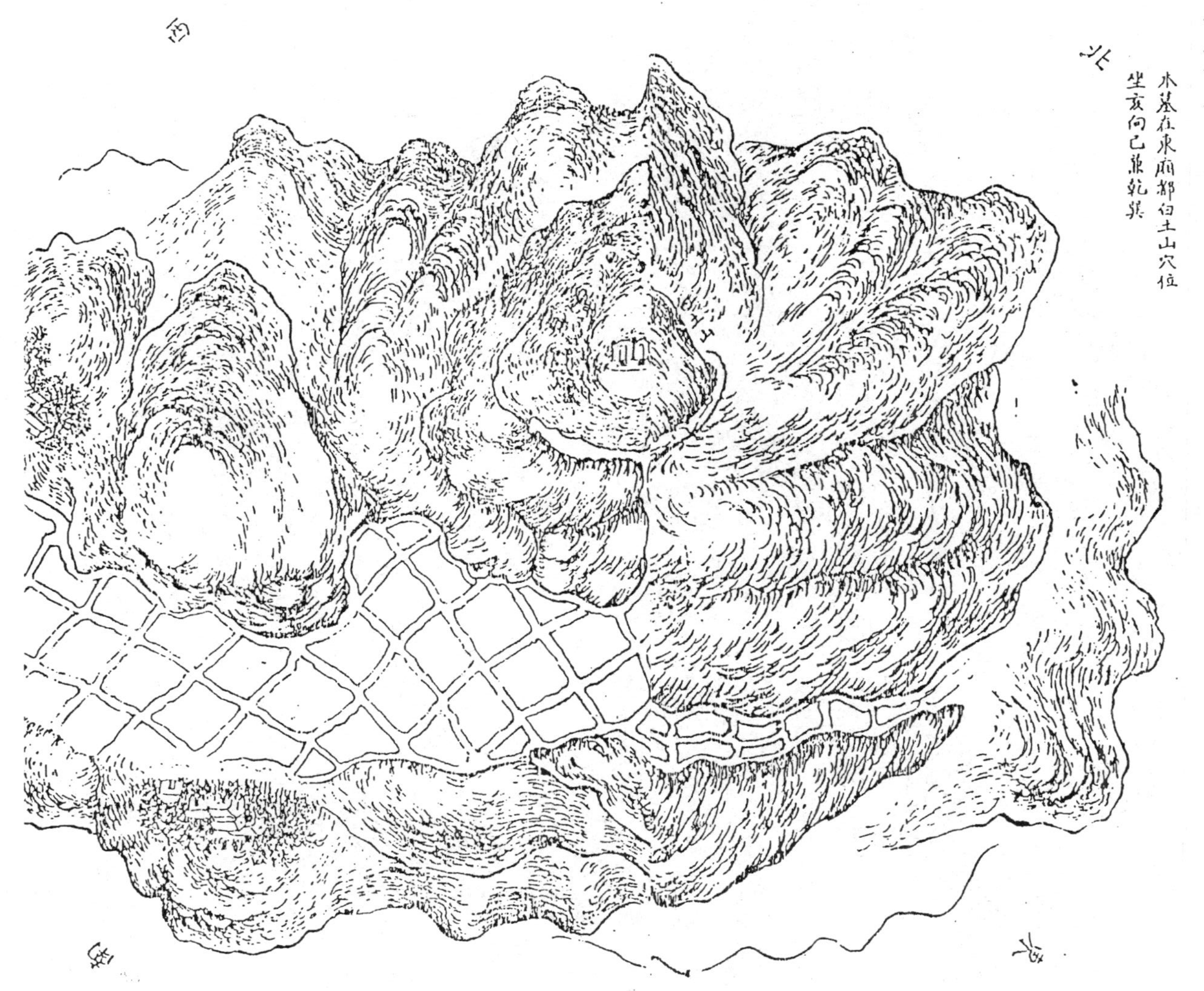

十三世祖妣蔡氏媽
十七世祖 瑗瑚公 墓
本墓在東廂都白土山穴位
坐亥向巳兼乾巽

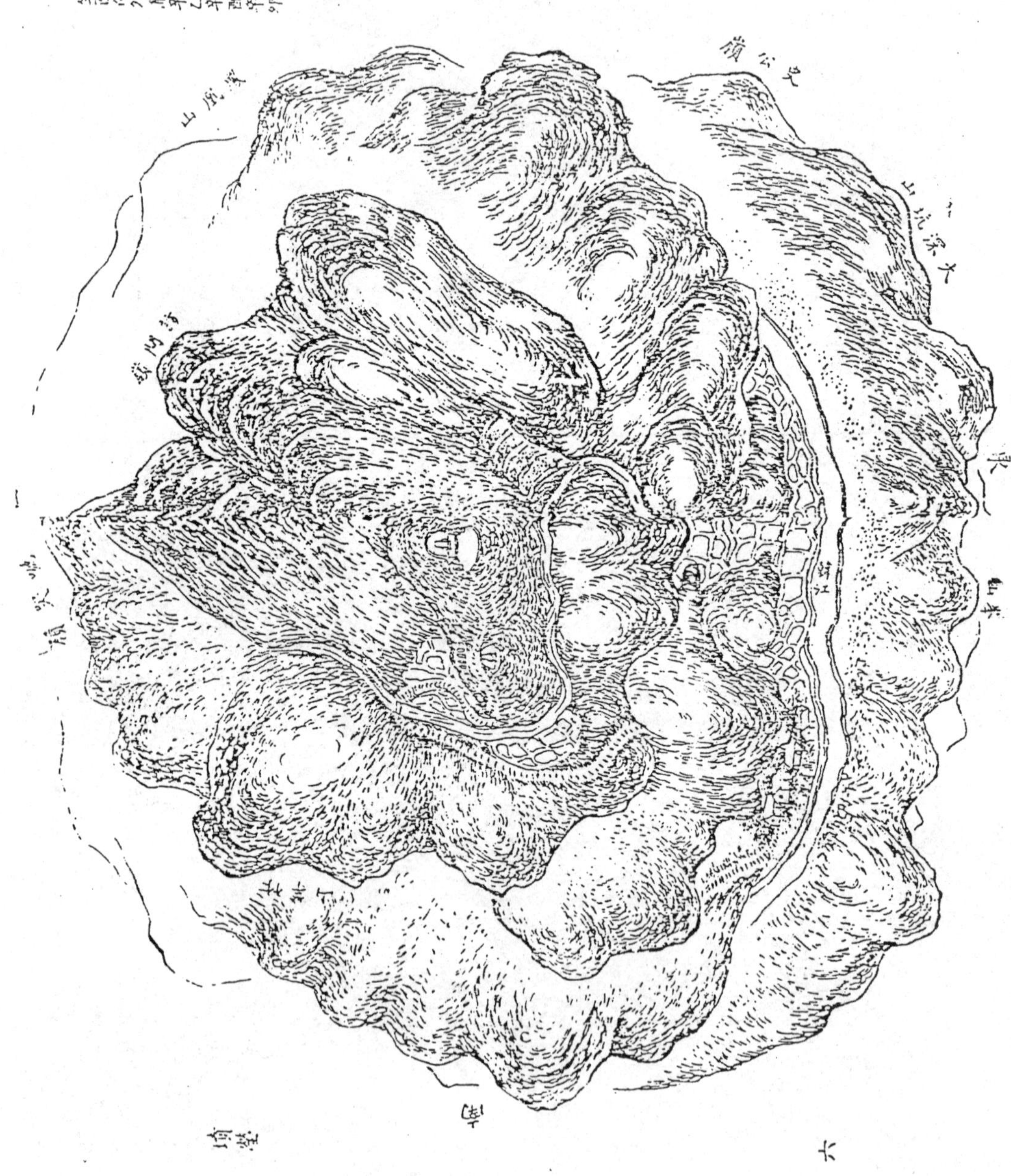
十四世祖顯村公墓
坐酉向卯兼辛乙辛酉辛卯

十二世祖妣蔡氏媽
十四世祖妣張氏媽
墓
石虎崠

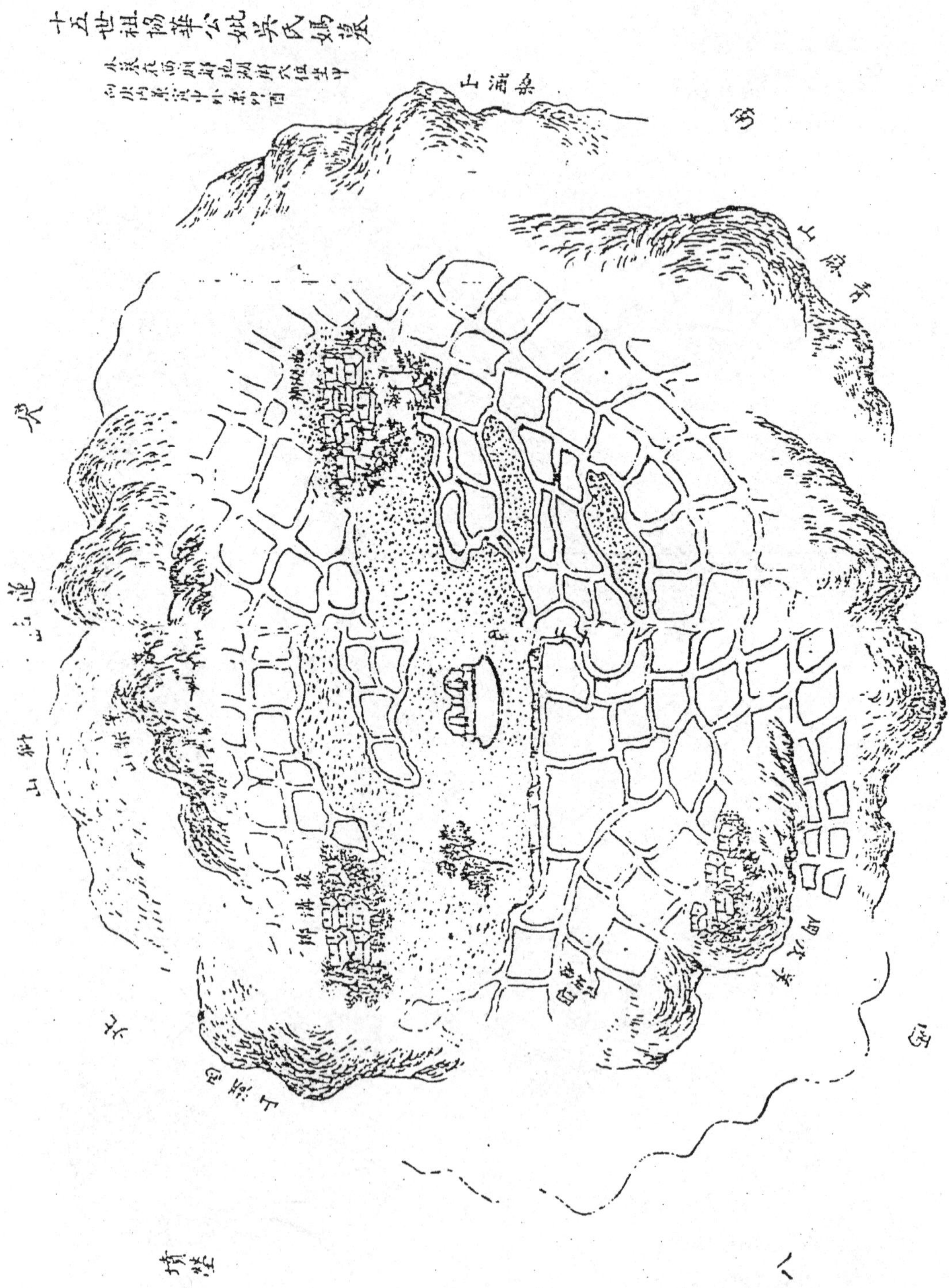
十五世祖協華公妣吳氏媽墓

十五世祖妣劉氏媽
十六世祖少泉公妣劉氏媽墓

本墓在南廂都後溪鄉穴位坐乙向辛兼卯酉

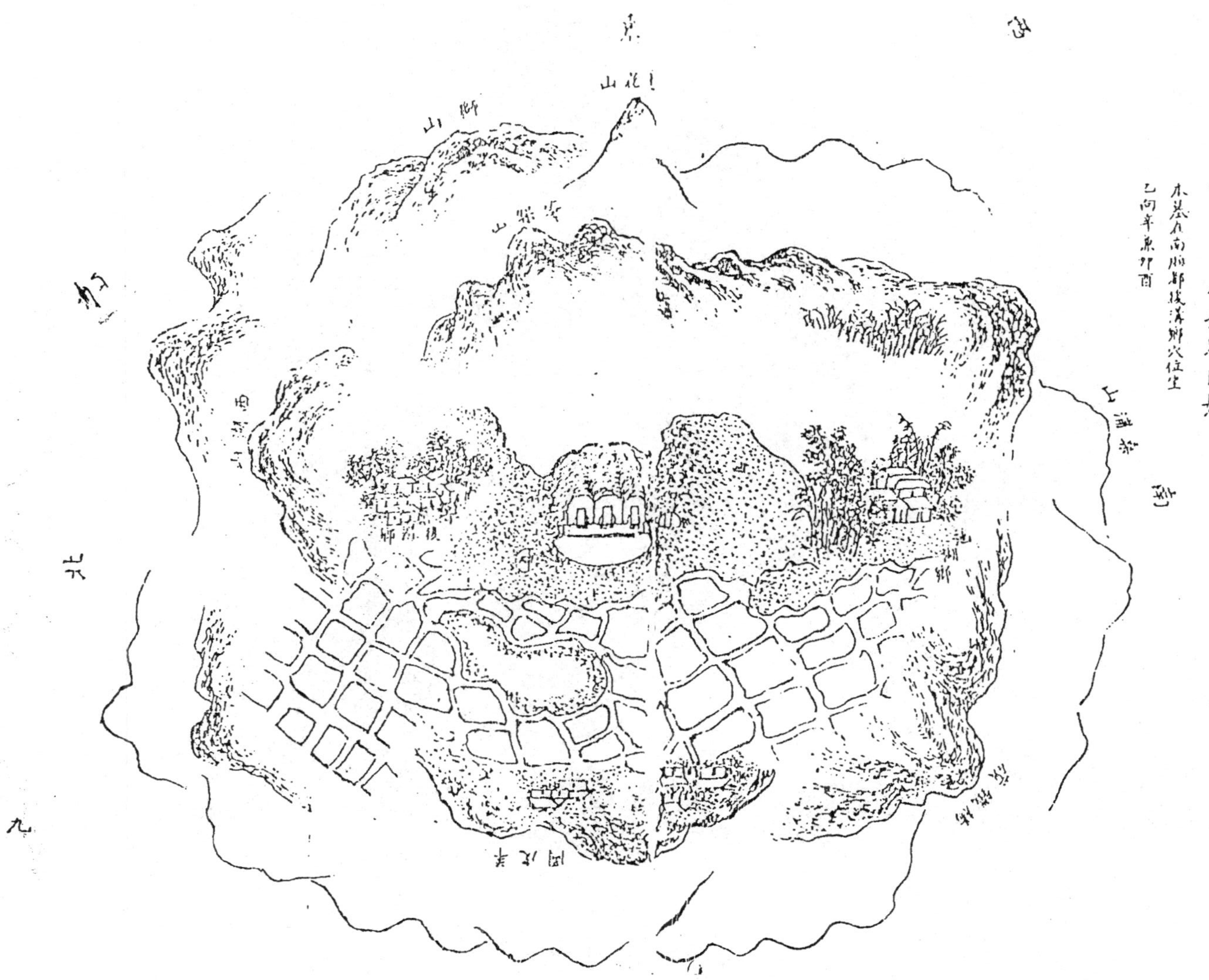

十六世祖良錦公墓

太墓在水南鄉水津內洞藍

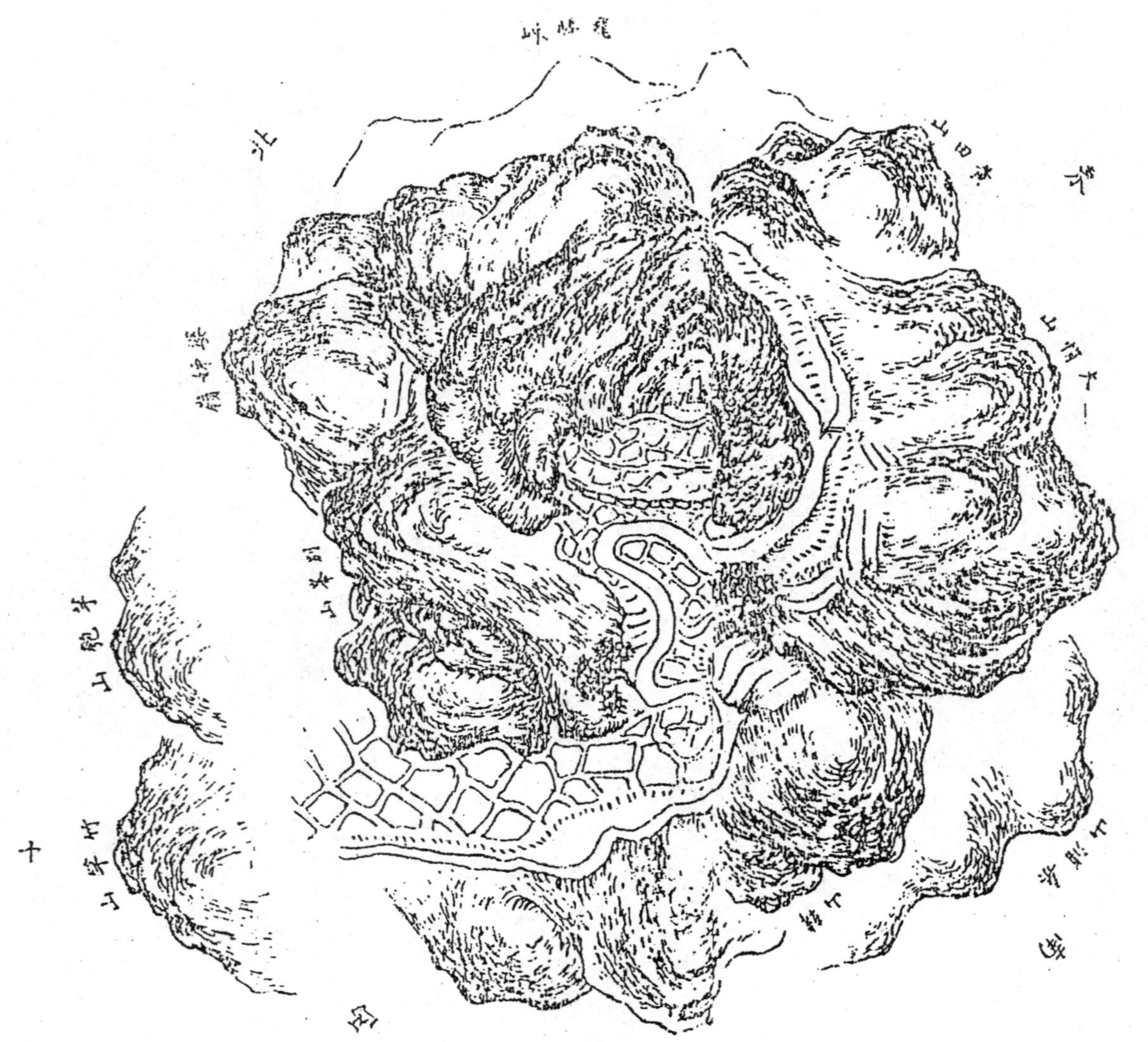

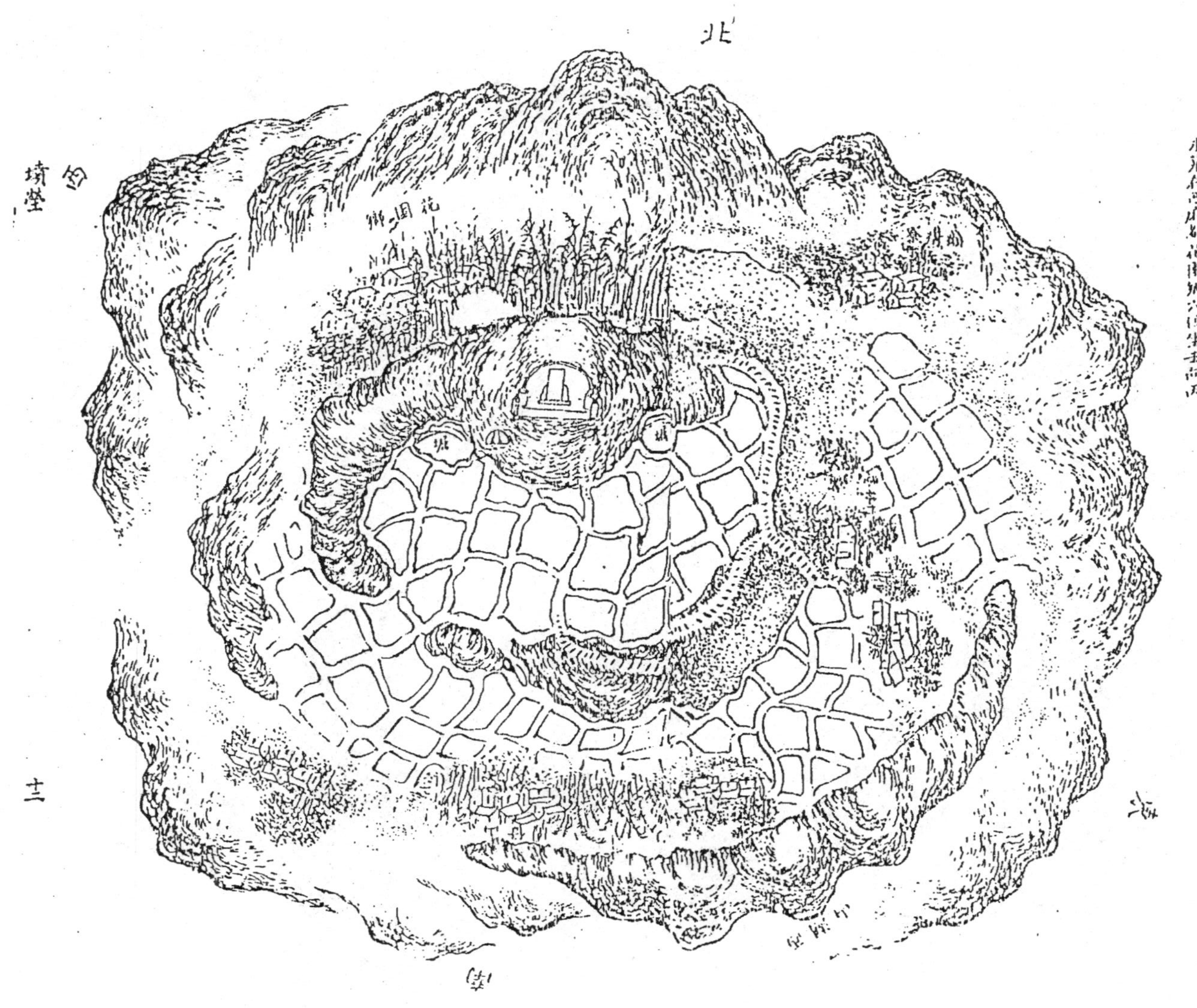
十七世祖子梧公妣鄭氏媽長生壽藏
十八世祖 妣蔡氏媽祔
北
南

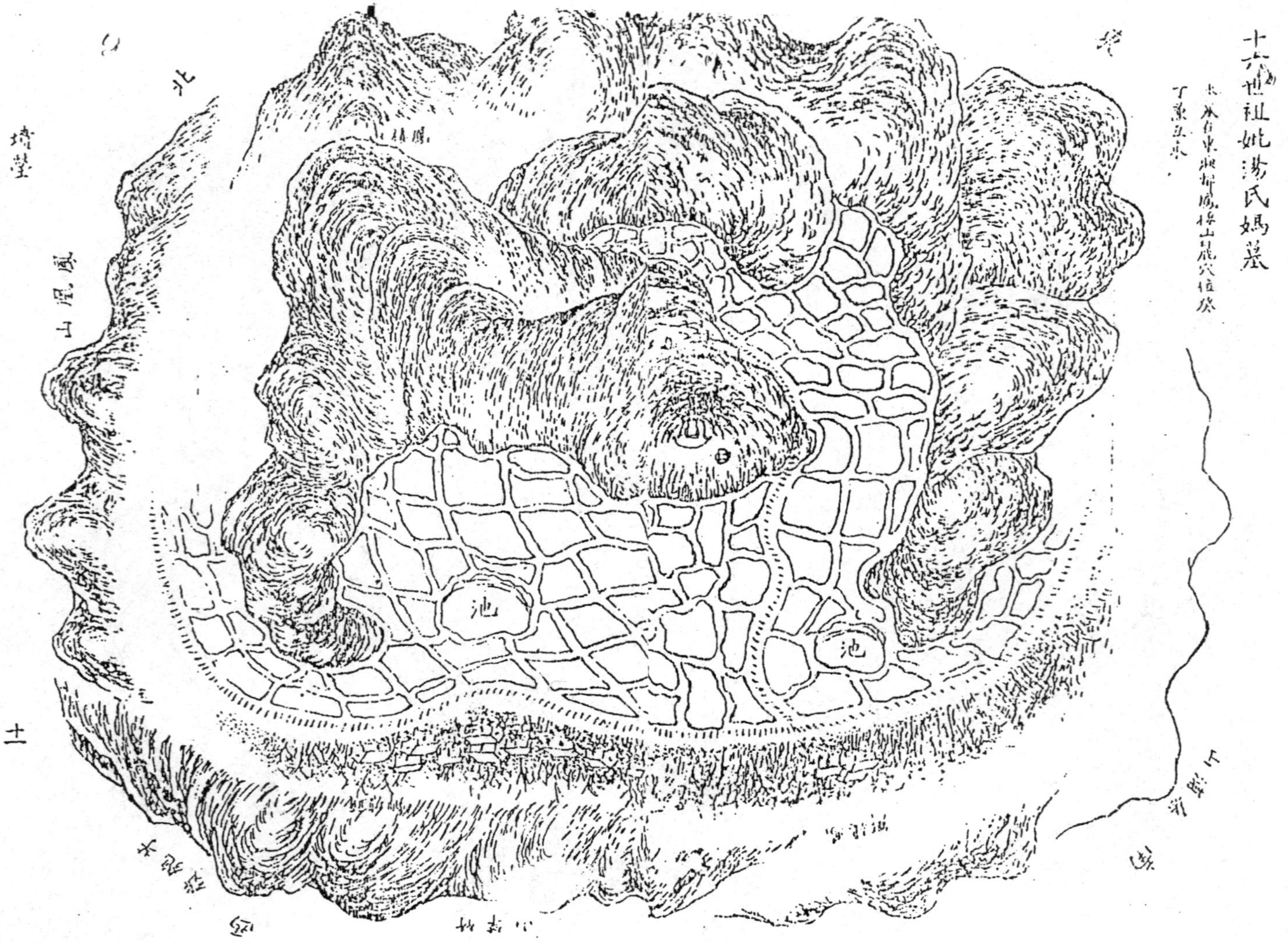
十六世祖妣湯氏媽墓
池
池
北

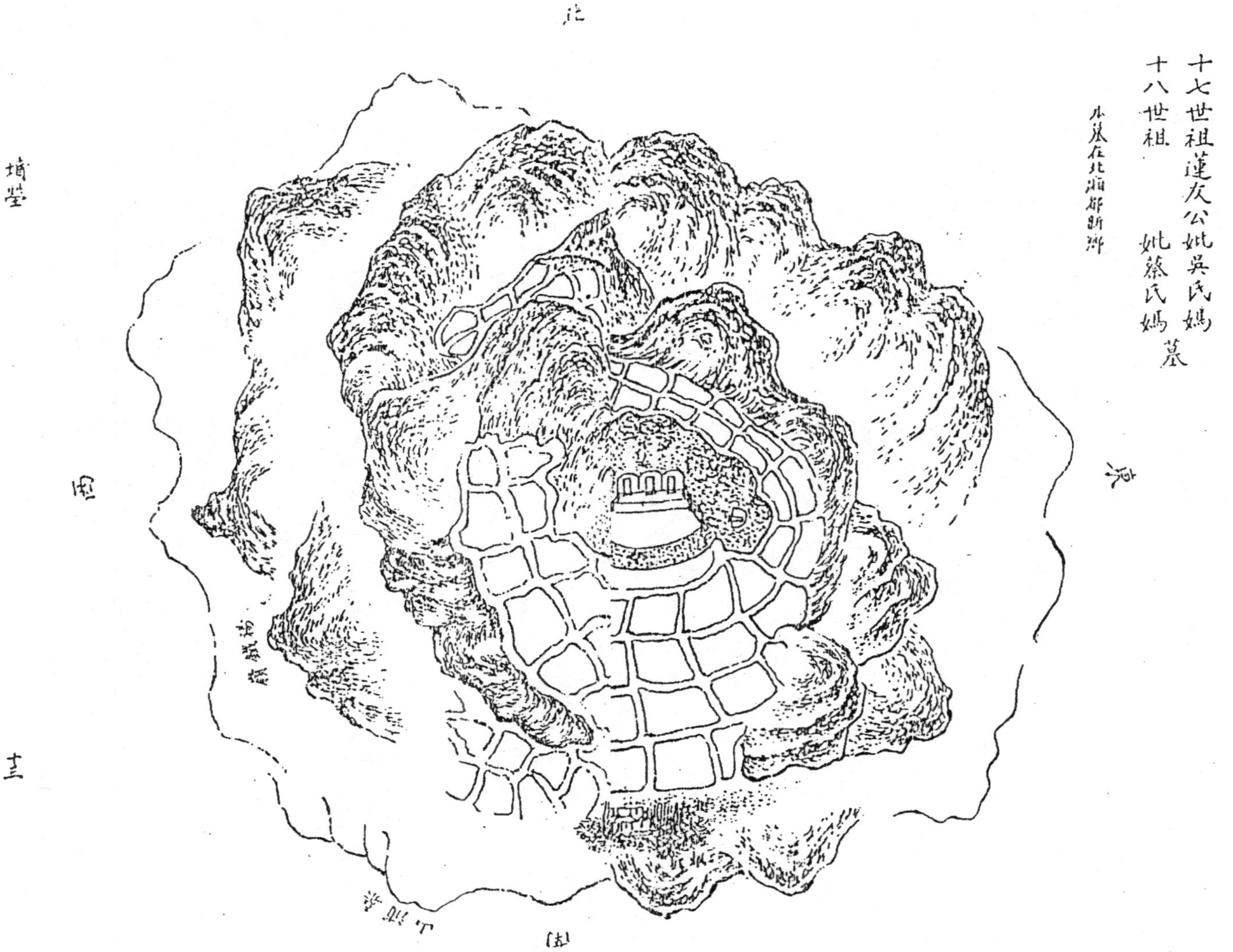
十七世祖蓮庆公妣吳氏媽
十八世祖 妣蔡氏媽
墓
北
東
西

下

編

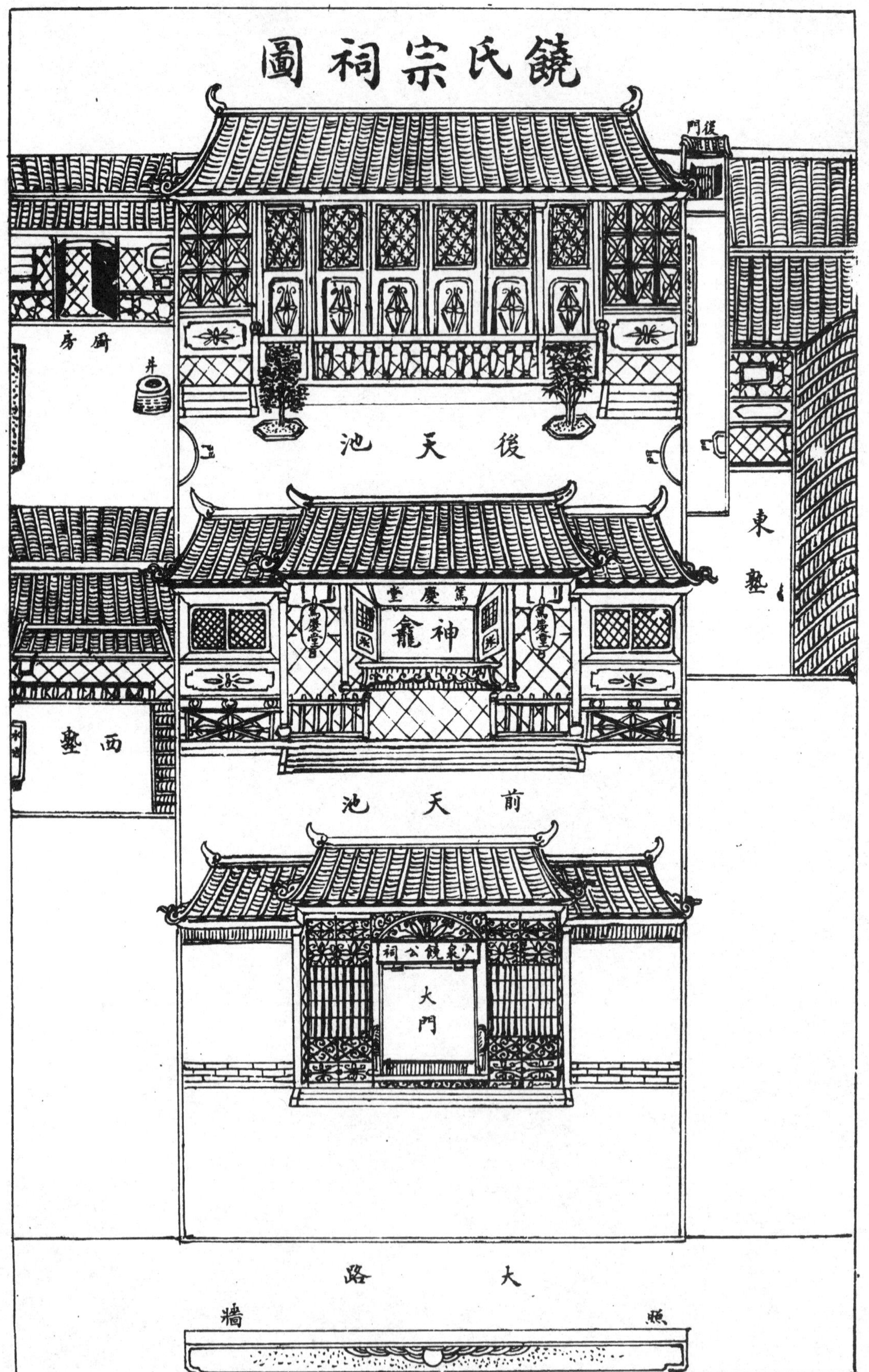
饒氏宗祠圖
後門
廚房
井
後天池
東塾
篤慶堂
神龕
篤慶堂
篤慶堂
西塾
前天池
少泉饒公祠
大門
大路
照牆

祠宇

篤慶堂祠基

本祠坐址潮安縣城長養坊王厝堀坐丑向未兼癸丁坐地元乙丑乙未分金實坐於天元運山六丁六甲坐震卦九四爻向巽卦六四爻癸丑癸未分金由祠後牆至門樓前檐計袤八丈五尺七寸由門樓前檐至照牆計袤二丈三尺一寸大門高八尺四寸廣四尺四寸前座深一丈五尺四寸棟牆高一丈五尺前天池深一丈七尺四寸濶二丈二尺二寸正座深二丈五尺濶與前天池同棟墻高一丈七尺坎高一尺後天池深九尺六寸濶與正座同後座浮壇深一丈六尺四寸濶與後天池同坎高一尺五寸祠右連

屋二間天井二口與祠相接左則爲杏花深處所謂東塾也

祠壁繫詩

平陽流裔發食封壃江西建派金紫輝唐閩汀爲宦世業增光

右第一壁

宋末入粤大埔族彰嘉應松口銅盤卜鄉國朝雍正開基海陽

右第二壁

綿長餘蔭世也其昌肅肅在廟缺焉未將時維辛夘登椽徬徨

右第三壁

報以報本臧何不臧歷傳四十略序斯堂祖宗雖遠千載馨香

右第四壁

祠中主位坐次

正座第一層

中位 太始祖元亮公

妣吳夫人

正座第二層

中位 三十七世祖顯科公

妣張恭人

正座第三層

左位 三十八世祖協華公

妣吳恭人

右位 三十八世祖協龍公

妣劉恭人

正座第四層

中位 三十九世祖少泉公

妣 湯恭人

劉恭人

正座第五層

一左

一右

二左 四十世祖蓮友公

二右

妣吳安人

傍座東龕第一層

一左 二世祖 漢公

二左 四世祖 懷英公

妣　姚夫人

三左
六世祖　夢祥公

吳夫人

妣　傅夫人

孔夫人

五左
十世祖　天佑公

妣　唐孺人

七左
十四世　祖鑑公

妣　陳孺人

九左
十八世祖雅哲公

妣　梁安人

四左
八世祖　緒　公

妣
詹夫人

葉夫人

六左
十二世祖明亮公

妣黃孺人

八左
十六世祖槐　公

妣　孺人

十左
二十世祖日明公

潮安大街鄞輪承印

妣唐孺人

左十一

廿二世祖仕恭公

妣楊孺人

左十三

廿六世祖仲華公

妣戴孺人

左十五

三十世祖孟舉公

妣廖孺人

左十七

卅四世祖文友公

妣沈孺人

妣　孺人

左十二

廿四世祖元貞公

何孺人

妣

朱孺人

左十四

廿八世祖萬金公

妣宋安人

左十六

卅二世祖日昜公

妣梁孺人

左十八

卅六世祖昌茂公

妣蔡孺人

傍座西龕第一層

右一 三世祖植公
妣王孺人

右三 七世祖熙公
妣劉夫人

右五 十一世祖鼎公
妣韓孺人

右七 十五世祖淸公
妣宋孺人

右九 十九世祖季禮公

右二 五世祖信公
妣鄧夫人

右四 九世祖裔公
妣黃孺人

右六 十三世祖榮邦公
妣　孺人

右八 十七世祖珪公
妣　孺人

右十 廿一世祖四郎公

劉孺人

妣黃孺人

彭孺人

右十一

廿三世祖國寶公

妣張孺人

右十三

廿七世祖滈德公

妣張孺人

右十五

卅一世祖立敏公

妣鍾孺人

妣　孺人

右十二

廿五世祖樂隱公

妣李孺人

右十四

廿九世祖邦憲公

妣徐孺人

右十六

卅三世祖永鐸公

妣

張孺人

李孺人

右十七

卅五世祖仕保公

妣　蔡孺人

謹按廟制二昭二穆與太祖之廟爲五然廟祗祀一主後世庶民私建家廟乃有追溯先世合高曾孫元聚食一堂蓋朱子所謂南服之民率祀其始遷之祖以至及身不祧不廢雖未盡合乎禮而因俗制宜亦足以覘民風之肫報本之篤誠未可厚非也

（附議）本祠僱用祠丁一人以司看守灑掃之役其工東食用由祠丁包辦每月酌定　元若逢歲時伏臘祠中應需燈火由值年備用至少泉公派下子孫有願住祠者除上祠丁薪金由公撥給外其餘一切用費概由住者自理不得開銷公家以杜濫費

長生少泉公祠堂記

竊以人文毓秀由地道之鍾靈子孫億千賴祖宗之垂蔭是堂構之謀木本之念所宜亟亟也少泉家君壯歲時常示吾曹曰先祖派出鄱陽播遷歷處方至潮州屢思各處皆有祠宇緊潮獨無曷以慰春露秋霜之感心甚盡然於是立志營祠繫諸寤寐因卜地未就倏至於今是歲十月之間隣里適有求沽之地旋延師以覘之曰格窄局褊水歸南面而注前開後續龍從北麓而來以此建宇美何勝言則時涓吉經營成之家君曰余今七旬志旣遂矣上以祀歷代先公享如在之靈下以示百世子孫知源流之本云爾

光緒辛夘陽月吉旦

男 興榆 興槐 興桐 興枚 謹竪

少泉公祠堂後記

禮有百世不遷之宗有五世則遷之宗百世不遷之宗大宗也古者始封之君適子承之其庶姓或徙他邦爲大夫者不得以禰諸侯則別爲大夫之祖是謂別子爲祖傳曰宗其繼別子者百世不遷是爲大宗大宗者族人祭則告冠昏之事省焉適子相承世爲大宗不遷

故繼別之宗得立別子之廟爲太祖此後世大宗祠所由昉也五世則遷之宗小宗也別子之庶子又不得以禰別子使其適子繼之而自別爲禰是謂繼禰傳曰宗其繼高祖者五世則遷是爲小宗小宗者高祖之適也自高祖以下宗之五世則親盡親盡則遷故繼禰之宗得立禰廟爲小宗此後世小宗祠所由昉也吾家大宗祠舊在松口先曾叔祖中書公舉孝廉時嘗往謁焉其後四五十年海陽饒氏始有宗祠之建肇其事者爲吾祖朝議公祠中正座祀太始祖光祿大夫元亮公及高曾祖考餘列代祖考依昭穆東西旁列配享焉而祠榜曰少泉公者以祠爲朝議公建蓋宗其繼禰饒氏之小宗祠也然饒氏之來海陽始於仕保公一傳爲昌茂公其別子實居梅州故

今海陽城中饒氏子姓皆祖昌茂公昌茂公適長子爲顯科公顯科公適長子爲協華公協華公無子以弟協龍公支子爲後是爲吾祖朝議公禮爲人後者爲大宗立大宗無子而不爲立後則始祖不祀故先王制禮得立小宗之子以爲之後以承其祀所謂受重者是也而小宗之子爲人後必以支子傳曰適子不得後大宗以適子小宗之繼宗也吾朝議公之出繼蓋有合於禮矣然則吾高曾祖考皆以適子相承世爲大宗而茲祠謂之饒氏大宗祠抑無不可也夫由一人之身衍而爲百千萬人族之分勢爲之也有尊祖敬宗者起爲立宗祠以收族明統昭穆以序親疏以定遠邇以別慎終追遠而溯其初雖閱祀千歲支裔蔓延固可得而稽也昔歸熙甫謂宗法既壞後

世收宗莫大於建祠顧近世敝俗竟有聚異方同姓之人合建總祠以各祀其先世謂之會宗門閥異望派縷殊科而強聯爲一族夫豈崇本追始之道哉今吾宗祠之所祀者則皆吾本支一系之統無旁派別族濫厠于其間而朝議公遺訓後代得登祠者以四十世爲此止其四十世以下非賢有德貴有爵才有文者不得配食於祠嗚呼蓋先人欲其子孫勉于爲善之深心也吾後人苟能體祖宗之心爲心無以忿廢親毋以財失義患難相恤有無相賙崇禮讓敦孝弟以亢吾宗者則朝議公之所厚望也歟寶璇不敏願與族人昆弟共勗之

民國庚申臘月吉日　　十八世孫寶璇謹記

蒸業

昔范文正公父子廣置義田三千畝以贍族人而子孫蒙其利垂八九百載以至於今中世民風澆薄世家巨族非特義田之設無聞卽建置祭業蒸嘗以敬宗報本而覆燾其子若孫者亦僅有而少豐焉是以當其隆盛彪炳之勢赫赫一時易世而後子孫至無一壟之植庸非刻薄之效與吾家起自寒微務本力農凡歷三世而建置祭田實自昌茂公始中間列祖世有增益雖不能如吳郡范氏之收族然深思遠慮所以爲子孫謀者規模抑遠矣玆因修譜謹就先代蒸業略爲淸釐分別悉著於篇俾垂示永久亦以見前人締造之功報本之厚而子孫之欲長保有其業於不墜者固

非儉與德莫能持也

昌茂公蒸業

一中則田叁畝計柒坵坐址東廂都烏石寨右畔佃人錢九每年納租谷柒石捌斗正

一下則田貳畝貳分計五坵坐址東廂都草寨前滿子佃人黃金塘陸海每年納租谷陸石肆斗正原柒石柒斗

一園貳畝計玖坵坐址東廂都草寨前許公墳佃人陳進寶每年納租銀伍元正原納租谷弍石五斗

一園貳畝坐址北廂都高厝塘坑尾叉田壹坵坐址高厝塘土名猪柯佃人許文年合納租穀貳石叁斗正原納弍石五斗

一門樓房壹間計拾壹桷吉坐下東堤長養坊舊宅篤倫堂內現佃傑發炭店每年納租銀壹拾壹元正

右昌茂公蒸業共田園玖畝貳分又壹坵共租谷壹拾陸石伍斗又租銀共十陸元其糧米穀在三圖饒信戶內完納爲昌茂公祭忌祭基之用由昌祖派下子孫逐年輪辦

顯科公蒸業

一上則田貳畝計肆坵坐址東廂都草寨後龍鬚尾佃人林合每年納租穀伍石陸斗正原納六石二斗

一中則田壹畝計壹坵坐址東廂都草寨水塘佃人金殿年納租谷叁石正

一中則田一畝伍分計貳坵坐址東廂都草寨古井佃人　年納租谷叁石玖斗正原納肆石弍斗

一中則田貳畝計大小共肆坵坐址東廂都草寨碑下佃人年納租谷伍石正

一上則田一畝坐址東廂都東津土名可藍佃人劉塲年納租谷捌斗正原納壹石壹斗

一上則田一坵坐址東廂都長美坑土糞名尾佃人耳龔欽年納租谷貳斗正

右顯科公蒸業共田柒畝伍分又田一坵共租穀一十捌石伍斗為顯科公祭忌祭墓之用其糧米穀亦在三圖饒信戶內完納由

顯祖派下子孫逐年輪辦因顯祖五子其四子協登出繼又三子協進無嗣故此蒸業現祗由三房頭輪值協進公則隨顯祖配祭

協華 協龍 公蒸業

一瓦舖壹間坐址在城長養坊八角樓脚每年租銀肆拾元正

右協華 協龍公蒸業由兩派公下子孫逐年輪收

少泉公蒸業

一瓦舖壹間坐址下水門外菁菓街坐東向西現佃順合行每年納租銀貳佰貳拾元正

一瓦舖壹間坐址下水門行外菁菓街坐東向西現佃德興號每年納租銀柒拾元外加壓底壹佰元正

一瓦舖壹間坐址下水門外菁葉街坐東向西現佃源昌號每年納租銀壹拾捌元伍角正

一瓦舖壹間計三座坐址下水門外菁葉街坐東向西前座現佃海利號每年納租銀叁十元正後座現佃炳盛棧年納租銀伍十陸元正

一瓦舖壹間坐址下水門外廣平街坐西向東現佃萬發昌每年納租銀肆十伍元正

一瓦舖壹間坐址下水門外廣平街坐西向東現佃利昌號每年納租銀肆十伍元正

一瓦舖一間坐址下水廣平街坐西向東現佃順合棧每年納租肆

拾元正
一瓦舖壹間坐址下水門外廣平街坐東向西現佃馬金興每年納租銀肆拾柒元正
一瓦舖壹間坐址下水門外書樓堀坐北向南現佃　每年納租銀
一瓦舖壹間坐址下水門街西巷內坐東向西現佃榮成行每年納租銀肆拾捌元正
一瓦舖壹間坐址分司巷口坐西向東現佃麗新號每年納租銀陸拾貳元正
一瓦舖壹間坐址載陽巷尾座西向東現佃信記每年納租銀壹拾

陸元正

一瓦舖壹間坐址王厝堀頭坐南向北現佃美隆號每年納租銀柒元貳角正

一瓦屋壹間坐址王厝堀頭座南向北現佃何勝嬸每年納租銀壹拾貳元正

一瓦屋一間坐址王厝堀聚隆巷座北向南現佃王裕元每年租錢一萬叁千捌百文按月遞納

一瓦屋一間坐址王厝堀聚隆巷祠堂後座西向東曾三妹每年納租銀一拾陸元外加壓底銀貳百元正

一瓦屋一間坐址仁德廟前座西向東現佃蕭嘉每年納租一拾伍

元外加壓底銀貳佰伍拾元正
一園陸分坐址池湖鄉現佃陳和每年納租錢壹千肆百文
一麥園貳畝坐址州東現佃蔡炎尤議明主佃均分
右少泉公蒸業瓦屋舖大小共壹拾捌間園貳畝陸分每年共得租銀柒佰肆拾柒元柒角又租錢壹萬伍千貳百文正其糧米穀在三圖饒富戶內完納每年揭出租銀肆佰元由少泉公派下四房頭逐年輪値以備少泉公祭忌祭墓之用餘息積爲公注至每年所收園穀則由四房頭均分惟從前每逢祭墓各房所備祭品牲儀頗爲簡殺茲另議以後少泉公及湯劉兩氏媽祭墓值年自備五牲全副齋甜碗各五個餘粿品禮物一概

從豐以申虔敬

按少泉公蒸業祀舖祀田之外尚有公注數千元當公在時嘗有議子孫入泮得向公家年領獎資伍拾元後因科舉停廢此議遂寢民國肇建士子出身正途莫不由於學校但小學中學乃四民入學階級所必經無足矜異惟大學專門非有志向學莫有進焉茲因體述先人之意議定嗣後凡少泉公派下子孫有能於中學畢業繼續進升大學者公家每年補貼學費伍拾元以資策勵惟以大學畢業時爲止若後日子姓繁多肄業大學不止一人則公家資貼總數以叁佰元爲限踰此則照人數平均分攤荷學業有成亦祖宗在天之靈所嘉許也

家傳

埔邑

一世四郞其先吉安永豐人因父爲汀州推官宋末避亂庽居於汀之八角樓至四郞始遷於潮之神泉鄉遂家焉卒葬於洋陶燈庽坐辛向乙子一仕泰

二世仕泰四郞子公生於元初勤儉敦朴能和於衆卒而鄉人私謚曰素樸娶楊氏合葬仙基坪申山康熙癸巳年洪水衝割將廹塋域族人乃遷葬於公元孫松峯墳山之左坐未向丑子一國寶

三世國寶素樸子公淳篤長者頗善治生隨分濟人利物鄉人德之卒後私謚曰種德娶張氏合葬仙基坪龜形右眼坤山子三元亨元利元貞

松邑

一世元貞號念二郎國寶三子公生當元末是時海內鼎沸公避兵由大埔遷居梅州松口之銅盤鄉爲始祖娶何氏朱氏子一樂隱

二世樂隱號十二郎公生於宣宗年間娶李氏子二仲榮仲華

三世仲華樂隱次子公兄弟二人兄仲榮移居大埔縣屬之三河壩而公則仍居本鄉洞盤泗坑等處娶戴氏子三泰慶智

四世泰字惇德仲華長子娶張氏子一萬金

五世萬金號松間泰子敕封儒林郎公生於明中葉民物安阜務本力穡與配宋氏俱享大年卒後鄉人私謚曰清簡子三邦恩邦憲邦忠

六世邦憲號友溪萬金次子卒謚英偉初葬某地光緒十二年十一

月初二日卯時遷塟某地穴位坐甲向庚兼寅申娶徐氏卒謚貞淑子一孟舉

七世孟舉號泗濱邦憲之子卒謚侃正娶廖氏子五立恭立寬立信立敏立惠

八世立敏號了玄孟舉四子卒謚質厚娶鍾氏卒謚勤慈子三日昂日昜日杲

九世日昜字時造立敏次子卒謚彥士娶梁氏子二永鐸永鍾

十世永鐸字伯振日昜長子生於明季卒於某年十二月十九日私謚曰淳睦初娶李氏繼娶張氏卒於某年五月廿五日謚曰端懿子五文璇文友文琦文祥文星

十一世文友永鐸次子生於某年月日卒於某年八月初五日謚曰良厚娶慈順沈氏生於某年月日卒於某年十一月十四日合葬於半溪子七仕衛仕俟仕保仕偉仕傳仕麟仕儻

十二世仕保文友三子公生於康熙二十二年癸亥九月初三日寅時中歲由松口泗坑沿江南下卜居於海陽邑東之烏石寨躬耕力作爲農夫以終公天性淳厚遇人侃爽不自矯飾故卒鄉人謚曰樸直時乾隆十年乙丑二月十一日酉時也壽六十三歲葬東山長美坑穴位坐癸向丁兼丑未用縫針丙子丙午分金娶蔡氏閫號如敬生於康熙二十五年丙寅二月廿四日戌時卒乾隆十三年戊辰十二月廿三日子時壽六十三葬東山烏石穴位坐甲

向寅兼夘酉用庚寅庚申分金子四昌貴昌和昌達昌茂
十三世昌茂仕保四子援例貤贈文林郎公兄弟四人長兄昌貴次
兄昌和皆早卒無嗣季兄昌達後遷居松口原籍惟公仍居海陽
初承先業爲農居於烏石鄉中歲以後方變計作賈城中公生雍
正元年癸夘十一月廿四日巳時卒乾隆五十三年戊申六月廿
三日巳時壽六十六嘉慶十七年壬申六月初二日葬龍甑寨二
塘山穴位坐乾向巽兼亥巳丙戌丙辰分金娶蔡氏閫號妙福生
雍正八年庚戌七月廿二日酉時卒嘉慶元年丙辰三月初六日
寅時壽六十七葬東厢都白土山穴位坐亥向巳兼乾巽用丁亥
丁巳分金子二顯科顯昭

潮安大街斲輪承印

十四世顯科小名侯號謹直昌茂長子例贈文林郎晉贈朝議大夫公自幼卽從父學計然之術勤儉謙抑善於治生昌茂公旣卒公度內地商業終不能擴展盡所欲爲乃挾同志浮海客臺灣張布肆於淡水歷二十餘年而歸時同懷弟顯昭無子公爲愴然命四子協登爲之後又置昌茂公蒸業以普利後人因觀烏石地勢瘠薄乃移家郡城長養坊石獅巷口公生乾隆十八年癸酉十二月廿四日辰時卒嘉慶十七年壬申二月初四申時壽六十是歲三月十三日乙酉安葬於北厢都高厝塘土名箣坑穴位坐酉向卯兼辛乙用辛酉辛卯分金娶張氏閫號慈順晉贈太恭人生乾隆三十二年丁亥十一月廿一日卒道光十九年己亥二月初四日

子時壽七十三光緒五年己夘三月丙辰遷葬於烏石東山穴位坐甲向庚兼夘酉庚寅庚申分金子五協華協龍協進協登協光

女一適黃金塘陳姓

十四世顯昭小名銘昌茂次子鄉欽大賓公生乾隆二十七年壬午十二月初一日卯時卒道光九年己丑二月廿九日辰時壽六十八是年四月初十葬於北厢都高厝塘土名紅花戈穴位坐丙向壬兼己亥用丁己丁亥分金娶陳氏闗號純懿生乾隆三十二年丁亥十一月初二日亥時卒道光十五年乙未十二月十二日子時壽六十九道光二十五年乙己六月初七日安塟北厢都高厝塘之訪問嶺穴位坐丁向癸兼午子正針丙子丙午縫針庚子庚

午分金無子以兄顯科四子協登爲嗣

十五世協華小名英桂諱步蟾號月堂又號暢睦顯科長子援例授國子監太學生晋贈朝議大夫公秉性純孝友於兄弟尤敦行嗜學自顯科公見背公以統子長家務年纔十三諸弟皆幼而公持家二十餘年食指十餘口皆恃公一人得無餒公率躬謹約經營所入悉歸於公諸弟亦惟公命是聽無敢私其室潮俗科名絕重公嘗被侮邑諸生某負氣歸告諸弟曰我家本詩書之族吾執業貨殖已無可冀望汝等年幼當勉力於學博一衿以庇門戶乃於屋東搆書室三楹延里宿儒教授其中而已以時課督焉未幾幼弟應春果入邑庠雖後登賢書公已奄沒然要不可謂非公教澤

所流貽也公生乾隆五十五年庚戌十一月十六日辰時卒道光十三年癸巳十一月廿四日丑時年四十四娶吳氏閫號克誠晋贈太恭人生乾隆五十六年辛亥十一月廿一日辰時卒道光二十九年己酉七月十七日申時壽五十九合葬西門外池湖鄉穴位坐甲向庚丙兼庚申外兼卯酉庚寅庚申丙寅丙申分金子艮錦艮猷早夭嗣子二人艮洵艮澤女二長適祝次適柯

十五世協龍諱步雲號仙梯小名英舉顯科次子例授登仕左郎誥贈朝議大夫公天性寬和柔藹與物無爭顯科公之卒公與兄協華公共持家政力撑門戶及協華公歿公獨身任之拮据不可支憂勞膺身遂得危疾公生乾隆六十年乙卯九月廿八日辰時

潮安大街斲輪承印

卒道光十九年己亥九月三十日申時年四十五道光二十九年己酉十二月廿一日塟秋溪都陳曹鄉後石虎穴位坐癸向丁兼丑未內用壬子壬午外用庚子庚午分金娶劉氏閫號淑身誥贈太恭人生乾隆六十年乙卯二月十四日辰時卒光緒三年丁丑四月初四日未時壽八十三光緒壬午三月初五塟南關外後溝鄉穴位坐乙向辛兼卯酉丁卯丁酉串中縫針辛卯辛酉分金坐氏宿四度子三艮濱艮溥艮洵艮洵出繼女二人長適陳次適林

十五世協進諱步鑾號隱岩小名英秀顯科三子例授登仕佐郎公生嘉慶四年己未十二月廿八日戌時卒道光三十年庚戌七月初十日巳時壽五十二娶洪氏閫號淑富生嘉慶七年壬戌正月

十六日寅時卒咸豐九年己未十月十八日子時壽五十八是歲十一月十九與公合塟西關外明鏡寺傍姚上埔穴位坐乾巽兼亥巳子三成捷成章成鎮女一適吳賢先

十五世協登諱步瀛小名英立顯科四子出嗣顯昭以軍功加八品銜公生嘉慶八年癸亥八月廿二日戌時卒同治八年己巳十一月十五日巳時壽六十七踰年庚午五月廿一日塟西門外二娘坑穴位坐申向寅兼坤艮丙申丙寅未線娶丁氏卒某年二月廿三日子三艮得艮哲艮浚女四長適楊次適雲步陳姓四適橋東黃姓

十五世協光諱應春號東樵又號雨帆小名端陽顯科五子公五歲

而孤依母及兄育之以長性聰敏篤志於學年廿歲爲邑庠生越四年歲試首拔補廩道光十七年丁酉拔貢旋中式咸豐元年恩科舉人加內閣中書銜授海豐學教諭嘗一上春官不售居京師二載卒與都門公博學強記工爲制舉文尤長於詩著有東樵詩集若干卷饒氏先世家梅州累葉宦達自遷海陽始業農商至公復舊業向仕宦志稍稍伸矣而遽以歿痛哉公生嘉慶十三年戊辰五月初五日巳時卒咸豐十年庚申四月初十日申時壽五十三歲家人私謚曰文恪公既卒於京邸其後諸子始克往京扶櫬歸塟於光緒十三年丁亥十二月初八日葬西林鄉下坑饒宅糧山居泉公墓之上分金坐丁向癸兼午子坐柳宿十度用針丙午

丙子娶劉氏閫號淑玉生嘉慶十三年戊辰十二月廿三日未時卒光緒十七年辛卯七月廿四日未時壽八十四歲是年十月塟西門外獅頭對面山英哥餅分金坐癸丁兼丑未子三㫚澍㫚渙㫚湜女二長適張次適林雲亭

十六世㫚錦小名成贊協華長子少警慧讀書過目成誦八九歲卽能談論世務知時文義法見者咸目爲大器時協華公方窘於家累努力經營未暇考其所業一日至書塾見公文詫曰兒乃能爾耶由是益加憐愛而課督彌嚴公亦力自奮勵竟以是殞其身惜哉公生嘉慶丙子卒道光癸巳正月一日年僅十八時尚未婚也塟東廂都東津涸籃

潮安大街斲輪承印

十六世良洵號少泉又號質庵小名成鋭協龍三子協龍兄協華卒無子以公嗣公既後協華公居喪守制禮如所生事嗣母生父母唯諾彌謹中歲遭家窶艱貿易屢蹶奔走南北顛頓垂三十年而公寛洪幹濟終以信確見器同業其後所入漸豐則力爲善舉建宗祠置蒸業推恩所生其行實詳公自序及行狀誌銘中公生道光二年壬午七月十七日子時卒光緒二十四年戊戌七月廿七日夘時壽七十七歲初敕授儒林郎後誥授奉政大夫晋封朝議大夫加同知銜復累贈資政大夫賞戴花翎娶湯氏閫號德正累贈二品夫人生道光二年壬午三月廿九日午時卒咸豐乙夘三月十三日未時年三十四是年三月廿三日酉時安塟東廂都鳳

棲山麓穴位癸丁兼丑未分金繼娶劉氏閫號德賢累贈二品夫人勤儉慈惠勤成家業生道光八年戊子十月十四日子時卒光緒七年辛巳六月十七日巳時壽五十四與公合塟南厢都後溝鄉穴位坐乙向辛兼卯酉丁卯丁酉分金坐氏宿四度側室陳氏閫號德恒子四人興槐興桐興榆興枚女二適林適王

十六世艮澤號晴皐小名成添協華四子公生道光十一年辛卯十月廿七日辰時卒同治三年甲子八月初八日亥時年三十四是年九月廿八日塟橋東下畔土名下轆田嶺頭穴位坐甲向庚兼卯酉娶王氏閫號德名生道光十一年辛卯十月十四日亥時卒咸豐九年己未十月廿二日巳時年廿九是年十月廿八塟橋東

土名虎坟尖下穴位坐艮向坤兼寅申辛丑辛未分金子二興權
興櫟女一適下寺陳姓
十六世艮濱號釆南小名成選協龍長子少篤於學尤精易數年二
十充邑增生協龍公歿家驟落公授徒餬口晚治星家言凡卜筮
占候堪輿皆通其術於是名震遠近問歷諏吉者戶限爲穿而言
多奇驗公爲人湉淡和易謙恭諧衆望之恂恂然知爲鄉老儒也
生嘉慶二十一年丙子二月卒光緒十二年丙戌九月十七日子
時壽七十一歲塟北廂都高厝塘內吳厝山側娶楊氏閫號德徽
生嘉慶二十一年丙子十二月廿八日寅時卒同治三年甲子十
月初三日寅時年四十九光緒三十三年丁未十月廿一日葬龍

空內紅花坑穴位坐卯向酉兼乙辛地澤臨卦之爻子一紹攀女一適鄭

十六世艮溥號霖臣小名成拔協龍次子生嘉慶二十二年丁丑九月廿七日丑時卒同治四年乙丑十一月初三日未時年四十九娶鄭氏閨號德彰生嘉慶二十二年丁丑四月初十日亥時卒光緒十七年辛卯八月初三日未時壽七十五光緒癸巳八月廿三與公合葬西關外雨亭後土名澗坑坐子向午兼壬丙子一興棫女一適辜

十六世艮哲號作士小名成基協登次子生道光十四年甲午三月初九日卯時卒光緒五年己卯十一月十二日午時年四十六葬

潮安大街斷輪承印

洗馬橋棉羊山麓娶洪氏閫號德洪子二紹文紹洪女二長適陳
次適鄭
十六世艮浚號尙明小名成才協登三子生道光十九年己亥十一
月初四日午時卒光緒十二年丙戌正月初九日申時年四十八
是年二月初八葬西關外二娘坑之麓穴位內坐正乾向巽外碑
坐乾向巽兼亥巳分金娶林氏閫號德修生道光二十四年甲辰
九月廿九日酉時卒光緒二十四年戊戌四月初一日子時壽五
十五是年七月初二日葬西關外東埔仔穴位坐西向東庚申兼
丙申丙寅分金子四人紹淸紹傑紹謙紹達女一適郭
十六世艮澍號露初小名成禧協光長子世業儒生道光十年庚寅

九月廿三日戌時卒光緒五年己卯三月十六日申時壽五十是年四月初十塟西關外蘭荳甕屏穴位壬丙兼子午辛亥辛巳分金娶朱氏閫號德建生道光十年庚寅四月十一日酉時卒民國六年丁巳八月初五日子時壽八十八是年八月廿五日塟西關外大頭井子六紹凱紹男紹板紹林紹鵠紹祿女二長適雲步王姓

十六世艮渙號晴川小名成容協光次子邑庠生生道光十五年乙未十一月廿一日卯時卒光緒四年戊寅六月十四日寅時年四十四娶楊氏閫號德純生道光十五年乙未十一月十八日申時卒光緒二年丙子七月初六日申時年四十二光緒二十五年己

亥正月廿一日與公合葬北廂都高厝塘土名獅爺穴位坐辰向戌兼乙辛用正針丙辰丙戌分金掛角宿十度繼娶蔡氏闓號德彰生咸豐十一年辛酉十二月初七日卯時卒民國元年壬子四月初五日子時壽五十二民國二年癸丑四月初二日葬葫蘆山穴位坐坤向艮兼申寅用正針辛未辛丑分金掛井宿六度子二紹勤紹勇女三長次適陳逵南三適潮陽周姓

十六世艮湜號沚舫小名成全協光三子世業儒生道光二十九年己酉六月十八日卯時卒光緒二十四年戊戌十月廿二日申時壽五十是年十二月初六葬西門外杜厝山胡家祖地上坟穴位庚甲兼申寅分金娶廖氏生道光二十九年己酉十二月廿四日

申時卒光緒二年丙子六月初十日巳時年二十八壟葫蘆山後土名十二畝穴位坐丑向未兼艮坤用透地癸丑瀛海癸丑正針癸丑初線分金繼娶林氏壟西關外鷹哥鋤山下坟穴位坐東向西子二紹宗紹曖女三長適沈

十七世興槐號瑗珊又號藕汀小名長悅亘洵長子公生值家業頹墜九歲而遭母湯恭人之喪從父權子母市肆精明靜默神會而心計之人不能窺其藏暇則手四子諸經諷誦溫習輒能舉其辭通大義爲文駢散錯見雅有法度尤精聲音訓古之學嘗鈔佩文詩韻鈎稽補疏頤公樂以此自娛不沾沾事表襮故學士大夫鮮有知之者公子勛幼年師邑老儒翁先生佩秋一日與同學訢詳

公馳書往責語絕痛翁先生見書大驚曰此非賈人子所能爲疑公書必倩能者替作後諗知實出公手乃大歎服公有至性事繼母劉恭人昕夕侍奉盡禮其律已則甚嚴出入有定時坐臥有常度寡言語省交遊沉毅豁達與人言未嘗至面赤斯非所謂長德之君子歟公以子勛誥授朝議大夫累封資政大夫賞戴花翎生道光二十七年丁未十月初二日子時卒宣統元年己酉六月初三日寅時壽六十三民國二年二月二十日祔葬東廂都白土山昌茂媽墓右穴位坐亥向巳兼乾巽用丁亥丁巳分金娶楊氏累封二品夫人子二人勛寶璜女二長適林次適陸煥文

十七世興揄號蓮友又號覺園小名長慶艮洵三子公賦質機警有

綜理才善於持算每算不用盤畧以口密計卽能舉其積數毫釐不爽喜進取自以英年蓬勃事無不可爲同業以其勉捷果敢以小公瑾況之而公亦自居不疑會城中大疫公惡焉屛居齋中輒憂懼不自勝竟以此中疫時公配吳安人亦以疫病垂危故與公同日卒公初敕授儒林郞後以子寶瑞累封資政大夫賞戴花翎生同治元年壬戌七月十三日寅時卒光緒二十六年庚子三月十七日巳時年三十九娶吳氏閫號惠淸累封二品夫人生咸豐十年庚申十二月廿五日午時卒光緒二十六年庚子三月十七日亥時年四十一是歲與公合葬北廂都新鄉之原子四人寶瑞寶璋寶珪寶璘女二長適林景星次適曾萃三

藝文

序

自序

艮洵

自吾太高祖仕保公由梅州松口堡泗坑鄉移居來潮也初居邑東之烏石寨躬耕力作迨吾曾祖昌茂公始移家城中當是時公生二子長顯科公吾祖父也次顯昭公吾祖叔也顯科公生五子長步蟾公次步雲公三步鑾公四步瀛公五應春公步雲公生三男洵居其季步蟾公生子艮錦早夭嘗囑生父步雲公以洵爲繼及步蟾公卒生父不忍重違兄命遂以洵爲步蟾公後時年僅十二憂傷啼淚衰絰執杖無異親生及洵年長吾母吳恭人爲洵聘

福籍湯忠門公之女爲室生一子曰興槐後數年吾嗣弟良澤亦聘娶王氏生二子曰長興長義洵方慶宗族繼承之有人乃不幸吾弟與弟婦相繼殁而長興等遂放蕩流落南洋積年不歸洵甚痛焉維洵自弱歲以來顛危困苦之遭不一而足苟非細爲備述後世疇知我險阻備嘗創業皆從艱辛來乎自祖父貿易郡城初開源發染坊後值賊匪滋事停業歸鄉旋又來城於下水門內開設順發荳店及祖父見背諸叔尚在襁褓吾嗣父生父年較長獨當家政和衷共濟勤儉以起其家嗣父好學喜與文士遊應春叔之補博士弟子旋即食餼皆嗣父課督之力也惜其後連登鄉榜嗣父已不及見矣當嗣父在時所創順發財盛兩店與諸叔分權

經理及道光十四年析店順發歸四房五房坐受財盛歸大房二房三房坐受然數房資產皆總滙於財盛大約每房可得千餘金因四叔圖延至十九年方行清算結欠大二三房共二百五元四叔乃與生父議願貼利百五元如數交楚並批明簿內無何大二三房所受之財盛店因家計窘迫資本日漸虧短生父拮据焦煩致成重疾遂於道光己亥棄洵等逝世生父既歿四叔忽生異心聲稱前貼百五元之利殊不合理迫洵即日交還洵與兄艮濱艮溥執簿相與理較殊四叔恃爲尊輩將洵痛毆洵迫不得已乃請曾元表伯向四叔哀懇愿吃虧塡出一半交還事乃得寢然吾長二兩房自此遂日益窮困矣當生父在時與諸叔分爨吾長房份

內並香燈租項所得僅八百餘金後因生意敗賬兼七年中家需繁鉅盡覆所有適洵承接持家乃寄食吾兄艮濱米店中至道光壬寅濱兄與楊黃兩姓另合創別號米行該米店乃俾洵一人經理歷十餘年竟以虧本閉業共欠市井千餘金洵以經理之人責有休歸不得不暫爲避匿因思素識有東津劉姓名開成者現駐省垣寶豐行內意尋此人或可冀其引拔遂於癸丑臘月廿四日取道汕頭往揭陽再由揭往普寧廿六日抵普宿於百里橋之旅店奔波至此路途生疏適有帶書役者姓蔡名太水頭鄉人同店敘舊言頗相得因詢以津路彼云南路多盜非有護符此道斷不宜經於是易裝作書役與太偕往廿七日到惠之葵潭廿八日宿

於東海廿九日宿於海豐過羊蓊嶺其嶺異常險峻上有關帝廟
廟匾書離天尺五斯匾斯景觀之淚下濕衣矣晚宿鵝埔墟度歲
猶記其店門一聯云日將夕也君何往鷄既鳴矣我不留至今思
之令人不勝感慨越日元旦由鵝埔墟再行晚至平山人語不同
風土漸異俄抵惠州初二日自惠州渡東江初五日抵省登岸卽
偕蔡太往寶豐見開成老方竊幸千里崎嶇得晤舊人終不患棲
身無所殊彼竟以敗賬之人頓變舊狀言及引拔則以人面生疏
音語不同爲却嗟呼人情冷煖世態炎涼豈不然乎洵以援引無
望乃反尋蔡太棲彼信館時北風怒號圍爐忍冷度日如年因思
居此亦非了局適有帶銀莊勇將回潮州洵此時歸計已决乃同

該勇於元月廿一日起程舟往佛山廿五日由佛回帆十餘天始至老隆自此登山涉江順流而下抵家時己二月中澣矣噫空手往還徒受風霜之苦進門時舉家老幼莫不悲喜交集時二房米店宿債未償吾兄艮濱囑洵出代承頂而願將輪流租谷並門樓房二間付洵抵償洵思職不能辭乃出向各賬懇准容緩理楚惟所欠五叔之項彼必欲立刻償足遂將二房輪值之谷估銀八十五元並吾長房輪值谷估銀六十五元割還餘尚欠銀七十餘元則由洵作數年填補時歲在甲寅季春洵謂兄艮濱曰諸號之數雖允寬緩但人無生計安能贍此日用弟思湯崇巖與我有姻親之誼何不將屋契出典於彼再圖經營兄甚以洵言爲然乃介宗

人可立翁將契典與湯二百元已成議矣交項之日彼必欲吾弟署名我謂此契値銀八九百元就我己份亦應得四五百元今只典二百元吾一人署名已足何拘拘必欲吾弟署劵耶彼堅不允時余大憤立將手書劵付之一炬悻悻辭出既歸家則將前典李源記之香燈舖售與洪駿利四百三十元除贖回屋契外祇存一百八十元又除嗣母塟費一百五十元復與澤弟均分己所得不過七十五元再傾囊倒篋直所有簪珥售之以足百元之數我兄艮濱亦貸得三十元合共一百三十元於是將從前米店重行開張以冀恢復舊業殊料吾生不辰是歲吳忠恕作亂城門深閉貿易不通城中斗米千錢坐以待斃及十月賊平資本已告罄矣余

乃别謀生計葭臘兩月作走水於峯市上杭踰年轉往紹銅山繼而内室湯氏病歿時與槐纔九歲室如懸磬及繼室劉氏來歸治家勤儉日食漸得不餒此後自丙辰以迄癸亥諸子年長夾輔有人頗有餘蓄當此時凡從前米店虧空之項余皆一一代爲清償而門樓二間已歸余坐受者余復讓與我兄艮濱也是經營屢中積貲寖裕自甲子至今貲財雖非極充而田園第宅頗足爲子孫立不拔基礎後世若能體我創業艱難克勤克儉勿爲放僻邪侈庶幾饔飱無失箕裘可卜永紹耳夫睚眦必報人之恒情當我落魄時嘗受辱於湯氏其後湯氏家落我恒撫視之前事未嘗介懷吾同產姊妹二人其後出嗣又得姊妹二人一適祝一適柯皆嫁

後家忽中落返往我家柯氏姊居我家三十餘載其後病卒余爲區處喪具瘞於池湖鄉之埔祀於道姑菴之內而祝氏姊亦住我家十年余於兩姊皆事之如禮他若戚族友親喪瘞婚嫁吾亦未嘗不竭力贊助爾輩兄弟須知我櫛沐半生辛勤一世方得立此丕基清夜自思我惟不敢以薄存心天是於佑余成業也今爾兄弟當以忠厚立心同氣協力勿懷私意勿薄父母勿聽婦言而乖離勿因微嫌而析爨勤謹經營增益基緒斯爲克家紹子耳雖然語云樹大必分枝流長必別派可知物尚不能不分人又安能久合所切囑者分火時須貽同氣之光毋傷手足之雅吾今老矣無他憾矣惟未建一公廳以崇祀祖宗未請告封贈以報生父母此

兩事予所夙夜籌之而恐不能如願也天若假我以年两事作則
我願償矣予之逃此非爲積怨啓子孫尋事之端亦非爲財豐誇
一己經商之善不過聊以記其生平俾後嗣知我創業艱辛兢兢
保守於勿替云光緒五年歲次己夘夏四月質庵老人書

跋

少泉翁自序䟦

附生 陳日雲 邑人

予遲鈍人也當翁延爲訓蒙時諒所熟悉茲會翁有是序披閱之竊見翁之生平寬和其量幹濟其才渾厚其性蘊之爲粹美之行發之爲誠實之言在少年雖多磨折於闤闠而此日累貲巨足蓄積良多夫固令祖先默爲呵護之靈抑亦翁厚德所致也況夫喆嗣濟濟類皆磊落英豪則繩繩繼繼家室之熾昌詎有涯乎予也有觸於斯因不自揣謭陋附數語於記載之末以誌葵向之欣欣焉

讀先子自序書後

興 槐

潮安大街斲輪承印

伏讀嚴親少泉公實行一篇緬公自吾生祖父協龍公騎箕後即擔家計學習經營時值公家生理傾頹後逢二房米店歇業累受屈氣苦境難堪致使棲身無所南奔北越櫛沐備嘗未幾復遭吾慈親湯氏媽棄世命途乖舛更尤甚焉當此之時家徒四壁手無寸錐雖欲運籌計將何展顧天欲礪人之成每必先挫人之志幸吾嗣祖父協華公先創有順合佣行零落日久支持乏人公度此生理無須資本可以謀生遂就此店啓基又兼吾繼慈親劉氏媽克勤克儉勞力勞心井操自任衣服親鍼從此內能省約竭力奮志朝夕辛勤由錙銖以貨殖遂左達而右通廿餘年間犅成草草基業中間嫁女娶媳置田購產治吾生祖母之喪事安葬於後溝

鄉立吾嗣祖父之牌位崇祀於扶輪堂至於恤族賙親樂施好善等事靡不量力發資不勝枚舉也迨光緒己夘年公已五十八歲矣自敘生平實行所歷之境於族譜之中以示子孫知水源木本創業艱難之概言詞暢達意旨甚長足爲醒世寶箴垂訓來許吾輩不時捧閱能使奢侈之心一時頓斂敦睦之性油然而生子孫繙閱之餘當細味其言規戒之深警省之切若卒爾而觀恐涉積怨於人則乖立言之旨而失公自敘之苦衷也閱公實行一篇而仍敢驕奢懶蕩無度者卽違公之訓也後世子孫可以兢兢敬懍而遵先人之志者乎公實行之末欲行未遂者有二事焉一則建公廳以崇祀祖先一則請誥封以贈生父母自維若天開一線之

恩假我以年兩事作而願償矣公之孝思勃勃懔懔若有光芒如此蓋誥封之志未幾已酬而建祠之心空懸念慮是故夙夜籌之而未果也公年六十歲時因吾慈親劉氏媽乘鸞之後諸子恐晨昏寂寞奉侍不周力勉勸納一妾德恒陳氏爲吾庶母丙戌歲生一男名興枚字季臣乳名長淞性靈聰慧岐嶷不凡公益愛惜日則就塾從師晚則親課督焉歲在己丑公因年稍邁遂爲諸子分炊宅田均配鬮受公明雍雍睦睦各無異言遂揭置吾嗣祖父協華公生祖父協龍公烝嘗以垂春秋祭祀永遠時維辛卯公壽登古稀初度之辰諸子暨孫等爲公晉觴拜壽隣里戚族世誼紳衿咸皆鏤屏製錦登門拜祝演戲三天燕酬賓客一時衣冠濟濟門

第輝煌眉壽之榮亦屬罕覯公自少年多受鍊磨動心忍性能容人所不能容能忍人所不能忍今若是所謂有是量即有是德有是德即有是福也是歲十月隣里有地求沽適合祠基即買以興工越明年壬辰秋八月落成涓吉是月十四日巳時崇升虔請歷代先祖考先祖妣生祖考祖妣長生少泉公湯氏媽劉氏媽神位進祠安座備剛鬣柔毛酒醴之儀行作鬯灌地三獻之禮立蒸業俾四時祭祀有資置書田使百代書香有賴又於祠旁構書塾以課兒孫祠後築浮壇以祀文帝公曰祠地雖未盡善盡美有此聊可傳子傳孫公曩日所冀兩事未遂者今皆適償其願是非隱德之龐洪與孝心之純篤曷能臻此然則後此數載以來宅第充廓

產業倍豐生理增加子孫繞膝益見公德澤之所普蔭也太歲戊戌七月初旬公忽染寒熱之恙綿延兩旬至二十七日疾篤諸子等咸侍榻前公遺囑曰吾年近八旬生平事業聊堪自慰今壽考以終毫無遺憾汝等年皆長成人事已諳所有生理總要同心和氣協力經營子弟可讀書者宜知加意栽培從生理者務要留心約束至於治家須儉約爲本待人以寬厚爲先庶可再恢緒業克紹箕裘又顧謂庶子曰汝當聽教兄長立志讀書勿怠勿荒方能成人又顧謂妾曰汝年尚淺不可外遊務須恬雅顧吾家風汝等各各咸記吾言毋違予命屬畢默然一夢黃粱而登仙界享壽七十七歲諸子等擗踊哭泣哀以送之棺槨衣衾視而殮之披蔴執

杖守制成服於是杖佛功德三日連宵弔客朿芻兩天連日屆七則誦經拜懺逢旬則焰口施孤先十年己作壽藏將百日而安佳城嗟乎樹欲靜而風不息子欲養而親不在雖有雞豚能不痛乎公之生終若此諸子等補以敘之俾後代子孫知其畧云子孫毋忽諸

東塾跋楣　　　　舉人王延康邑人

少泉仁丈於祠旁營一小欒課兒種竹蒔花飼鳥其間一日揖余而言曰余老矣營此爲偷閒計子其爲余跋之余曰嘻何其言之大似古人也昔歐陽永叔之詩有曰與世漸疏嗟已老得朋爲樂且偷閒東坡詩則曰相逢有味是偷閒樂天詩則曰偷閒有味勝

常聞程子亦曰將爲璇按程子詩本作謂此誤作爲遂與程子語意差之甚遠偷閒學少年噫何其言之大似古人也其卽以此語顏之而縷陳古語之相似者以爲之跋使後之人知翁之意有得于古人者爲多其可乎翁曰諾爰書之光緒十九年十一月

其二　增生林士驊邑人

晋陶元亮性情湉淡家居潯陽栗星少有高趣博學不群每于力穡之餘深自課讀嘗作詩曰既耕亦已種時還讀我書茲適少泉翁毋舅四大人於寢室之旁仍築小齋以爲訓子孫地於昔賢務本之外尚友古人有微契焉愚不佞未能鋪張翁德而翁德之長留於人心者無待予之贅也

讀次雲先生行述書後

附生 曾清河 邑人

余讀饒君純鈞次雲先生行述竟掩卷黯然悲從中來淚涔涔下沾襟袖冥想次雲所以夭其天年之故虫聲唧唧醒然頓悟噫吾知之矣天地生才數百年而始一遇數千年而始一遇孔子曰才難不其然乎次雲之才間世一出之才也純樸貞固如玉蘊於山守貞抱樸無華彩光與人交訥訥若不出諸口每遇風晨月夕至契艮朋傾其平生素抱文章經濟娓娓動人弱冠穎邁文壇中獨樹一幟清鼎革時事日非走香江藉習英文其實次雲當無可奈何之日也從此退處家園齋心選佛托迹談禪古人所謂市隱者非歟余深悉次雲身體尫弱多病多愁冀其能空五蘊得享遐齡

而不知次雲於天人悲憫之念無日能去諸懷悲歌慷慨舉平日不平之氣一寄諸文字大有賈長沙之痛哭流涕此次雲之所以死也介弟純鈎與余同硯交且十年矣余因純鈎得交次雲聯床夜話相見恨晚而今曇花一現讀秋草獨尋人去後之句殊令人低徊不能已也

壽序

饒少泉封翁七豑榮壽序 代

廪貢 鄭心經 邑人

少泉封翁先君子之莫逆交也比肆而居相將以道憶嘗追隨杖履瞻拜鬚眉宴陸續以綺筵陪孔融於廣座於時紅燈既張綠酒方湛款名花而展笑待華月以侑歡疎髯欲仙洪量善飲蟬聯之語時發鏗鏘鶴立之姿自成淡古飄飄乎有風塵外意朗朗然如蓬萊中人知其守眞養和樹德扶善有以葆固精神登進壽考也會余叨膺鄉薦逼赴公車燕子春期方思獻賦鱸魚秋味竟爾還家値翁古稀大慶躋靑漸方眉綠更秀受金母之訣夙習長生驗倉公之書已逾大董以今歲七月爲翁攬揆之辰戚友謀飾徽言

用傳穆行而屬余一言序之余爲翁生而岐嶷長而因特傳詩書以裕後式金玉以修身操計然之術富而可求負端木之才億則屢中遂乃握算無遺多錢善賈居奇贏而利市三倍問田宅而富甲一都其精於治生有如此者翁以穎濱之少子爲玉局之佳兒問晨昏而但見歡承奉甘旨而全無膜視無忝所生北堂萱茂咸云有子南陔蘭香是故遵禮制以送終咸安窀穸立蒸嘗而置業不藉壎篪其孝於父母有如此者人情斗粟尺布帝譏不容恤寡憐孤原雖槪見或傷荆花之瘁或抱漆室之憂而翁兄明經也則治具分財足娛老境姊嫠婦也則迎婦就養祔塟祖塋而且有姪遯荒貽書乎返倩媒授室創肆營生有鄭氏義門之風得歐公睦

族之教其篤於倫常有如此者然而處富必有窮親測交非無寒士翁則凡夫孀嫋告匱孤孽啼飢莫不哺以膏屢助其貲算仁粟義漿絕無遴惜傾囊倒篋盡入皋牢務使姻婭咸庇乎賢雲侮甬都飲其德水河潤九里春滿千家其厚於戚鄙有如此者且夫不遇災祲不知德厚仁𠀾積之裕也不逢殃殄不知機翔暇集應之神也所可異者歲癸酉翁東隣不戒西肆將灾旁觀者方歎象無齒以身焚魚在池而殃及豈知環堵無虞不用欒巴之噀水及垣而止竟同郭憲之反風生意於以日蒸食貨因之有耀其遇險爲夷有如此者至於誠結諸心仁盎於背助賑饑而捐金不惜需海防而見義勇爲敦行若陳太邱萬家德戴律身如黃叔度千頃波

洋其綢直本乎天懷其淵懿根乎至性宜其瀼瀼徯福黽黽考祥占大耋於寶爻獲殊祥於家衖翁喆嗣四或策名郡佐贊務榮身或入貢成均文章著譽固見戲舞萊衣吟編束雅望神峯之獨雋知海氣之常盈窩壽安樂有高允之聽強室築延年同文淵之矍鑠其所以娛白首制曼齡者匪惟行樂之隨時抑亦養志之有道也余叨倚葭之末契慚頌橘之新詞未須扶老且閒竹節之笻請祝長庚爲酌荷花之酒當此老人星照吉士筵開吾知翁必洗盞更酌引滿無辭顧孫子之盈前而掀髯濃笑也

少泉老叔臺七秩壽言 代舉人王延康 邑人

余家梅州距潮雖百餘里然椒條蕃衍分族而居者皆屬一本有

少泉翁者自其高祖仕保公始遷於潮己成聚族不旋踵間其胞叔東樵公舉孝廉采南晴川兩昆季列庠序翁又能以懋遷起家名望益著余於鄉會赴試時常主其家與叙族誼談世故相得甚懽時翁年及艾而已迨歲庚辰余應方柳橋觀察之聘在鹾署講席數載與翁遊較密益見其爲人宅心仁厚口無妄談溫溫然有君子風心羡慕之第翁精神雖如昨而春秋倏已高矣是年夏七月中澣正翁七秩懸弧之辰戚友謀製錦祝翁壽丐余一言以侑三爵余於翁有叔姪之誼屆時當奉巵酒躋翁堂爲翁壽表彰令德義焉敢辭翁諱艮洵仙梯公少子幼嗣胞伯協華公克盡子道其事所生也孝養備至生母劉太恭人享高年翁不以出承而膜

視日猶値輪甘旨晨昏定省毋稍懈及其故也哀毀盡禮擇地安
塋不待昆季相資且置蒸業以供祭祀此則翁之能盡孝者矣然
而未也其兄采南翁年邁孫幼故後亦爲購地安塋並常賙恤其
家其姊在柯門孀居無依翁迎養數十載常誡子婦善事之毋稍
慢姊因得遂其志以終餘年身後爲塋祖先墓側俾得春秋祔祭
焉其姪興樑少失怙恃寄跡南洋羈留不返歲時伏臘翁爲經理
幾二十年念非久遠之計乃數貽書勸回示爲治屋配親薪水之
需毋介介於是姪歸授室爲創生理以營其生此則翁能推孝而
爲弟者矣然猶未也其於親戚内而期功外而姻婭經公提撕而
成家業者有人受翁盼顧而成立者更難僕數其於隣里當米珠

薪桂時出蓋藏以濟困乏遇老者安之少者懷之貧不能婚塟者佽助之此則翁能推孝弟而爲仁慈者矣然更奇者其生平遇凶變吉化險爲夷若有神佑焉翁設肆城之東隅歷有年矣癸酉鄰不戒火烟燄蔽天咸驚禍將遠及俄而風旋火熄及翁後垣而止壬午右鄰又灾亦險不及禍遠邇異之曰遇灾不厄其隱德必有大殊於人者重託焉必不我欺由是近者悅遠者來誠信交孚生意蒸蒸然日上不二十年間已覺富擬陶猗此又翁之能孝弟仁慈而得天人之咸與者矣茲也龎眉皓首杖履優游而方便益力凡遇軍需賑濟海防諸善舉樂爲輸將雖千金不少惜大府奏敘議奬候選州同加同知銜授奉政大夫德配湯氏劉氏皆正五品

宜人恭遇覃恩加一級誥封祖考顯科公考協華公皆朝議大夫祖妣張氏妣吳氏皆恭人貤封本生考仙梯公朝議大夫本生妣劉氏恭人丈夫子四或州同或國學一門中紫誥輝煌青袍赫奕我知矍鑠翁顧之必怡怡樂甚而究非翁之倖致也蓋有是德者宜有是福能大孝者必得大壽詩書有明徵焉然則翁之福壽兼全者豈非孝弟仁慈所感而召也哉今日古稀初度宜開北海之樽他年期頤榮慶重詠南山之壽余當再頌九如之章爲翁稱祝翁其欣然許我而先晉一觴也夫

璦珊世伯暨楊恭人六秩壽序　何成浩

人之壽夭爲之也肰其人性情甚簡者則必壽老子之年不可測

識此脩道養壽者勿論己若夫史册所登凡壽考者雖聲名籍甚而其神明必甚簡焉漢張蒼年過百歲一生惟好古籍晋謝安年登八十至老不忘東山其最著也嚴君平隱於卜日閱數人卽垂簾而讀易竟至上壽青城村四方百物不通其居人不知肉食故壽多百歲艮以簡者德之基德卽壽之徵耳潮府海邑誥授朝議大夫瑗珊老伯暨德配誥封恭人楊恭人庶幾近之翁少好學因助父經營生理乃去而學賈迨囊槖己充倉箱己足翁視若漠然猶布衣蔬食怡肰自得日手四子五經註一卷玩索而研究之襍書小說勿置眼曰聖賢語言包涵萬象終身求之而不能盡遑及其他平生平少交遊寡言笑動必以禮朝出夕歸惟一途數十年

如一日然而宅心仁厚事親孝待弟友交友誠其三弟婦相繼遇疫無論親疏相戒遠避翁獨爲摒擋一切必躬必親其後子女婚嫁一如己子有謝姓友子媳俱亡孤苦無依又喪其明翁月給薪米以終其身翁爲本邑右族人頗繁盛有告貸者立以予之勿有吝有以屋圮告者出資修之繇是里之人咸稱翁長者德配楊恭人名門女也自歸翁家雖澹泊晏如也迨業既裕如猶井臼親操布荊自奉高粱不御藜藿亦甘事公姑必敬必誠相夫子惟勤惟儉外此若妯娌若親隣門以內雍雍然門以外翕翕肰噫如翁與恭人者儻所謂簡而多壽者非歟中庸論大舜曰大德者必得其壽董子曰壽者醻也天所以醻有德也若是則何必上臺萊之頌

歌升恒之詩而遂獲享遐齡乎雖然有是德者必有是福亦不可不表而出之也哲嗣饒君若呆服官來閩與余同鄉交最篤余奉許鈞師檄督辦賑捐若呆君尤異常出力今年十一月將爲翁與恭人開六秩雙壽筵而於是開錦堂而於是晉遐觴而於是召嘉客而於是奏宮商余重違若呆君意不辭而爲之序惟𡚁趨跡阻不克隨諸君子後躋堂上壽以詠臺萊升恒諸什諸君子來庭其爲我抃手歌以佑一觴乎

家嚴慈六旬雙壽序畧　　　　寳璇

吾饒氏自松口遷海陽及今近二百年其先世舊不著大抵以力農孝弟世其家自吾曾祖父始以讀書訓子弟其後人庠舉於鄉

者相繼稍稍得與於士夫之列迨吾王父因窘於家計輟學業賈家君及諸父繼起亦以積居治產未竟讀書然吾家得用是日漸充裕十餘年來頗以微貲見稱鄉里雖吾王父啓其先諸父承於後而俯仰操縱浸淫漬蓄以得有今日則家君一人之力爲多也家君爲人忠厚質樸胸坦然無城府接人一以至誠事先祖父母辨色仰志均能曲喻得其歡心先祖晚年頗享厚福先祖母則棄養於家業拮据之時故吾家今日雖薄有積聚先祖母不及見也家君每與寶琛兄弟談及先世遺事祖宗締造垂統之艱至於祖母未嘗不欷歔太息恨其不延享大年以觀子孫之盛其孝思之純篤彌久而益虔平居喜談論多洞情達理之言教兒子輩亦不

厭言之譤譤常以幼年失學自憾既不克獲大施則發憤令諸子出就名師冀酬宿願性儉素樂施與壬寅之春郡大疫殭尸枕藉道路皆貧乏無以自斂家君慨然有憐恤志顧以力薄不能持久於是爲疾呼廣募得數千金創集安社以施棺槨衣衾之具又以其餘息延醫濟藥迄今貧民賴焉歲甲寅以耆年碩望被選爲潮州商會總理配吾母鄭太夫人亦以克勤克儉助家君於內所飲食衣服不過藜羹布帛雖隆冬僅敝裘一襲而已性嚴潔麗明卽起率家人操作事無鉅細必躬自區處卽疾病猶強起供事不少寬假子媳以母勞屬甚勸少休輒厲聲曰婦人不勤身以自力惟喪蕩之家有然吾豈效蕩家婦耶蓋吾母少歷困苦有深慨於大

家巨族頽敗零落之由於奢靡偷安故常發此以誡其子婦也今年乙夘六月爲家君六秩壽辰其冬十一月吾母亦年介六十親戚故舊多慫恿欲爲吾兩親酌觥稱壽者家君乃進寶琛等而詔之曰世俗稱壽類以文章顧其文往往鄉曲小儒爲之而假名於當世貴人顯宦求者與應者言行不必盡符而緣飾虛美語惟諛頌非惟其文不足貴即所以鋪張揚麗其於壽者庸有當乎吾幼習會計之術生平言行實無足紀然吾自有生以至於今所與於交接之人未嘗不處以誠實夫誠實固世所稱爲庸行者也若苟能就吾所爲庸行者而著之以言毋溢辭毋侈語以俾後人觀省斯己得矣若夫假寵於貴人顯宦而爲諛頌之辭又烏足以爲榮

哉於是寶琛等敬領命相與率妻兒羅列拜舞奉觴上壽旣退

寶璇乃麤述大略揭諸屏間

五十一齡自壽　勛

我性疏狂懶徵逐年纔弱冠厭塵俗悟徹妻孥是孽緣落落胸懷被拘束不居天上居人寰俗情世累逐時刪煑茗焚香惟靜坐小齋雖小可偷閒壁懸書畫月頻換筆硯精良列書案金石燦朗滿座隅有友時來同珍玩興到對飲酒三杯步出江邊共徘徊高山流水任飽玩酒友詩豪相追陪一生不欲居無竹登山臨水伴漁牧愧我吟詩乏佳句有書恨不十年讀無何人事倏推遷偷息人間作遺民山深林密盡荆棘歸隱不得學醉仙於今適逢汙濁世此身羞爲前朝尉漸得名園作主人栽花種竹門常閉忽忽年齡五十春黄花開日是生辰人謂多壽多福祉我謂多壽多嗤嗔親

友作詩欣祝嘏聊爲稱觴酒盈斝滿座賓朋笑語譁大暢襟懷開眉鎖

若呆先生五十初度以詩祝之

庠生 鄭芸經 邑人

若呆先生吾老友三十餘年交最久相與優游一室中諸般韻事靡不有吟詩纔罷又敲棋棋罷携壺再酌酒金石玩好廣收藏古畫奇書兼積貯四時花卉植庭前數竿修竹護屋後先生隱此數十秋不屑權門競奔走邇來白髮漸皤皤辮子願存作迂叟胸襟磊落意氣豪悠悠濁世誰與偶年過半百壽而臧鶴算龜齡定不朽

前題

增生 謝蘭修 邑人

君不見宋代饒德操工詩工文一世豪又不見同時饒伯永輕財好義八十餘年高人生似此實天造君今五一不知老眼見康彊勝前人養花種竹樂所好身置理亂不一聞別築數椽課子孫不肯趨炎不附熱閑來高臥松間雲卓哉君乎眞我友自愧未能步塵後君今誕辰是新秋望風且薦長生酒

前題　　歲貢生　周士　揭陽人

祝君懸弧早秋天光陰五十又一年一生處境圓如月能得清閑即是仙堂有老母將八秩子子孫孫群繞膝婦言不聽人所難兄弟同居心如一世家衍派是平陽移居潮州科名昌君是鳳水守眞士於今亂世存綱常居心無愧於屋漏守身攝養必得壽古稀

祝嘏有可期作詩誌喜再酣飲

前　題　　　　　　　　　　　　李　青　邑人

不須海外覓神仙步到君堂便快然詠古常懷高士傳偷閒時放米家船江山畫本留新稿鐘鼎摹形續舊編自是守眞饒逸興好同老彭竟齊年

前　題　　　　　　　　　　優貢生　郭心堯　揭陽人

蜀錦吳綾插架多雙魚百鹿並搜羅千秋彝鼎超群品萬卷圖書養太和天與溪山供釣弋歲增蝙蝠任婆娑一生永享清閒福安用神仙極樂窩

行狀

先大父少泉府君行狀

寶　璇

我饒氏系出虞舜爲聖明胄裔先氏自平陽先居白干代有潛德唐德宗朝我始祖元亮公官至浙西兩考督院宗始有望後世歷遷宜黃濯江水口皆以顯貴著聞於時宋景定間再遷長源族益滋茂宋末有四郎公者隨父官汀州府推官由閩入粵而家於大埔四傳至元貞公更由大埔遷居嘉應松口之銅盤鄉自後世居松口至十二世祖仕保府君始徙來潮州之烏石寨家世孝弟力田鄉人多化以德仕保府君有子四人季爲昌茂府君因賈於郡而家焉昌茂府君長子曰顯科府君寶璇之高祖也生五子長爲

我嗣曾大父協華府君嗣曾大父秉性謹厚治家嚴而有法高祖見背年甫弱冠諸弟均幼稚孱弱嗣曾大父遇以恩禮撫之甚篤視其質醇而慧者令出就名師而躬自督責質樸而純者使從而業賈一家怡如也先是嗣曾大父娶於吳曰吳太孺人生男一女二而男蚤喪至是卒無子乃以生曾大父協龍府君三子爲嗣即我大父也大父諱艮洵字少泉號質庵長身鶴立容貌魁偉見者莫不懍然憚懾生平不苟言笑而侃直發於至性與人交語必以誠而未嘗以素識廢禮鄉里皆以長者稱之其出繼也年僅十二吳太孺人愛之若己出而大父事母亦盡誠孝然以嗣曾大父壯年淹逝輒欷歔流涕哀毀終日始我家故貧以力農支門戶曾大

父之世有田十餘畝刻苦自厲薄有積蓄大父既承先人餘業力持遺產既以牽累走廣州潮之廣山水多阻急大父徒行數千里亡投所親某某以大父落拓亡命拒弗納大父喟曰此人之情也我又何尤襆被辭歸既歸復遭先大母湯太恭人之喪家口幾無以自給及我大母劉太恭人來嬪百方經紀勤勞於內我父曁諸父繼起治產業家始克有造而大父已垂垂老矣初吾宗來海陽百有餘年未有祠宇大父憂之以尊親莫先於崇祖乃建立祠堂歲時致祭必躬必虔又以生曾大父血統所不可忘本爲請誥封贈嘗曰凡富貴利達皆從勤儉二字得來未有不勤而能貴不儉而能富也我備嘗人間艱苦得有今日不可不使子孫知之乃自

述生平實行二千餘言以示後寶璇暇日披讀恒省然恐不克負荷也大父雖少失學然爲文頗暢達能盡所欲言晚年唯覽書史自娛每黎明蚤起輒躬自灑掃不欲苦役婢僕人咸嘆爲盛德光緒戊戌以疾卒於家彌留時諸子侍榻前請受遺訓大父曰吾年近八旬後有繼起夫復何憾然我自長大至今所見鄉里盛族兄弟之間其以田廬貨財訴誶相仇至於興訟破產而不惜者皆是也而貪婪競利財不以義得者其子孫亦卒未有一獲其祉今汝兄弟同居宜友愛相勉以義以蘄毋負先人則我死不恨矣又曰我饒氏近世鮮有顯達我以少年遭家難不克讀書使有光於鄉族今悔以無及矣願後世子孫不失讀書種子以紹先志是余之

所望也嗚呼大父爲人遇義慷慨敢爲隣里姻戚有急難所必需或貧乏不能自存者輒資助賑恤不遺餘力然自奉至約雖年至七十猶素衣蔬食寸縷不敢輕賤子孫纖毫妄費則厲言呵責聲若雷霆歿之日遠近識與不識皆涕泣來弔至今鄉老猶道公德弗衰蓋遺澤存於人者厚也大父生於道光壬午七月十七日子時終於光緒戊戌七月廿七日夘時春秋七十有七是年十一月十一日附葬南門外後溝鄉生曾大母劉太孺人塋兆之側男四人女二人元配我前大母湯太恭人生我伯父興槐繼配我大母劉太恭人生我父興桐及我叔父興楡庶祖母陳氏生我季父興枚長女適林次女適王皆我湯大恭人出也孫十人寶勛寶瓚寶

琛寶瑞寶球寶璇寶璋寶瑚寶珪寶璐女孫七人念寶璇生七歲大父已棄養平生嘉言懿行不能盡識及長我父具舉大父所常言者以誡我兄弟稍得聞其一二維懼先德之泯沒不敢表揚虛美略述其平居言行爲寶璇所及及知者用以待當世能文君子補銘焉宣統三年立秋後三日孫寶璇謹狀

仲兄次雲先生行述

寶璇

兄諱寶球又名孺雄字次雲晚自號二一如居士生而竺孝貌癯削奕奕有英氣年十九以制舉文有聲於時應縣府試皆獲前列會科舉報罷不得博一衿人皆爲惋惜而兄殊適然未嘗介懷尋渡海至香江習英文提苑書院以非其好數月竟歸遂絕意進取佐

家君權子母市肆以勤敏稱兄性嗜學身雖劬勞而手不釋卷又工爲管絃絲竹之聲初讀文選苦其字難猝通乃刻意治小學自爾雅方言說文釋名廣韻以下於古今人之言六書者靡不探討其於說文尤致力焉每校讀一過輒別紙劄記朱墨幷下字同蚊脚闡幽抉微精核有突過前人者於清儒治訓詁者最服膺高郵王氏嘉定錢氏謂爲許鄭後一人而已兄既通小學遂旁及金石刻文凡奇形怪體正別俗譌假借通轉之字皆辨之故就問字者有叩必應聞其說無不豁然意滿兄於斯道其可謂能至於斯極者矣璇曩者嘗以嶺東方言間雜蠻語與中原語音殊絕然窮其聲變察其本柢舊音雅訓往往而存嘗欲就所知者徵之經傳放

揚雄氏爲潮雅一書兄聞而深韙之從容爲璇診發數十事上稽古訓疏通證明如剖符之復合惜僅得之口授今已十忘七八吾書未成而兄遽入丘墓傷哉兄晚歲喜浮屠氏言習法相持名號與開元寺僧怡光善所著書有説文旁證一卷金剛經答問一卷片詞碎義藏於篋末編纂者又可得萬餘言然皆非其至其深博可傳世久遠者蓋蓄於中而未出也兄長璇四歲體素羸善病璇少侍兄讀爲文章輒就兄評可否其撫視璇友愛尤篤迨璇長遊學四方與兄常違離甲寅以後始家居相依夜輒聚首剪燭品騭術業暢論字書音韻源流及文章聲病漏三下乃罷以爲常兄初病痢旋下血不止纏綿匝月遂困不能支病中惟喜璇侍左右偶

暫離則形不怡色故自兄疾璇晨夕入侍扶掖伺應不敢少懈彌留時摩璇頂而歎曰吾病殆不起乎若然是我負汝也語次淚下如綆璇亦泣不可仰嗚呼死生離別之際握手欷歔語重而志哀雖陌路之人聞之未有不愴然有動於其心而況於兄若弟之親暱與有嚴事之誼者其悲痛甯有極耶其悲痛甯有極耶兄生於光緒十三年十二月四日卒於民國十年九月十二日年三十五元配黃氏未歸而卒繼室倪氏子一人永鋼女二人俱幼兄歿後二大人傷悼不可言璇亟思爲狀以冀稍慰兩親之悲而每執筆輒泫然而止今雖卒成之而璇文行無似言不足爲兄重以取信於當世能文君子當世能文君子又無有能知兄者然則吾兄之

學之行其終泯沒而卒於無聞也耶此璇所撫心而切痛者也歲在辛酉冬至日同懷弟寶璇拭淚謹述

墓志銘

饒君墓志銘

廩生 王師愈 邑人

君諱艮洵字少泉先世由閩遷粵轉徙家海陽遂爲海陽人海陽今潮安也祖顯科晋贈朝議大夫父協華生父協龍俱誥贈朝議大夫協龍協華弟也協華蚤世無子以君嗣而協龍又卒諸父有侵虐君者君不較既又以牽累走廣州潮之廣當道梅循山川巉崿湍急君徒步走數百千里投所親既至而爲所距當是之時可謂極人世之艱辛既而事白得反反則坐商肆營業又得有艮子佐家日以益殖迨君之老饒氏於海陽稱素封建寢廟妥先塋封典所生其力能佽助窮戚族而君終以勤儉課子姓昧爽必興必

親洗掃庭宇厮役雖人多不自逸也斯非所謂躬率者與君歿於光緒戊戌年七月二十七日年七十有七葬南門外後溝埔之原妻湯氏繼室劉氏妾陳氏子四興槐興桐興榆興枚女二適林適王孫十曾孫四狀君行而來請銘者君之孫寶璇也銘曰

豐其老幼之屯能乃子文厥孫烏戲天報善人銘君墓垂萬年

亡妻蔡孺人墓志銘

寶璇

孺人潮安蔡氏誥贈資政大夫諱一桂之孫女而戶部主事鄉進士諱學淵之次女也母夫人柯氏戶部君暮年無丈夫子柯夫人生女二所以撫愛視遇之者異於常人孺人幼時敏靜柔淑事父母頗能盡道年十八歸於同郡饒鍔事舅姑亦以謹肅稱平居無

苟言無飾行略識文字又善治鍼黹自余至女奴傭媼輩所需上下衣咸孺人手自縫紉無所假借故吾母太恭人於諸婦中孺人尤所愛憐惜乎其年之不永也余既以迂拙不能趨時合變赴勢利之會攫取富貴居恒讀書自樂而孺人絕不怨尤且以爲處垢濁之世是宜然也夜輒手一卷坐余側並肩謳吟問字質義蓋如是者凡九年而今已矣每入內室覩青燈熒熒几案間積塵累寸而往時讀書笑樂已邈焉難追不禁悽然淚下不能已也孺人以產後血虧猝致於死其歿在民國七年五月壬子年僅二十有六一子曰福森孺人歿時纔周歲也親黨聞孺人死莫不惋惜至於流涕而吾母哭之尤哀嗟呼余以不德致累孺人之壽孺人歿又

何能慰吾母之悲也乎孺人歿後將以明年某月日葬於城西某
鄉某原余既憫其賢而嗇於壽遂琢石爲之銘曰
其行可傳有德無年身不食報後終獲延魄藏於斯魂歸諸天千
齡萬禩吾銘不穿

記

觀渡廬記

寶璇

今夫操舟渡江順流而下晏然無波濤之恐者郅治之世則然也故過渡於治世之民安以逸風馳雨驟汨沒於驚濤駭浪之中泛泛乎而不知所之者淆亂之世則然也故過渡於亂世之民險以勞今天下紛紛戰爭未已民之汨沒於驚濤駭浪之中險且勞者皆是也然而達觀知命之士不因時之所趨而身與之遷移上下是以天下雖亂而常安焉吾家自曾王父以敦厚樸素之風衍爲家法間有以文章顯達一時而余兄弟承詩書遺緒既不克自樹立家君辛勤治生慮周而心勞今年六十餘矣又重以時變悠然

有遯舉之思於是搆廬於居室西偏以爲優游頤養之所處安以觀險居逸以窺勞俯仰今昔之故而後知今之爲得也遂榜其額曰觀渡之廬是廬雖無烟霞之趣臺榭之觀然有書數千卷足供嘯傲余兄弟亦將承歡其間讀書以竟未遂之業他日飲酒賦詩掃石烹茗吾父子兄弟相聚笑樂於一堂庶幾天倫懽娛之境可以久而常安也矣廬成家君乃命鍔爲記鐫於壁以示後之人

民國七年歲次戊午元月男鍔謹記

贊

月堂族兄像讚

舉人 步元 大埔人

載瞻圖像因究生前老成我告始識末巔弱齡失怙凛母必虔治家有法事叔無偏經商從學諸弟分編群雍隸籍行方智圓年臻四四惜遽登仙遺徽可溯敬起肅然

祖叔母吳太孺人像讚

舉人 耀廷 大埔人

延陵淑女歸我平陽釵荊裙布果爾端莊鷄鳴早起洗手作湯和妯睦娌井臼親嘗相夫成業教子有方撫愛諸姪勝似己郎念佛茹素滿腹慈祥具斯美德獎待鸞章

先祖少泉公像讚

寶璇

伊維吾祖氣岸高雅生於困窮長於孤寡性秉剛毅胸瀰區夏取舍有方然諾無假中年建業乃營大厦妥安先靈崇上啓下華敷奕葉範垂來者允享遐齡承天錫嘏

德正叔母湯安人像讚

進士 軫 松口人

仰維叔母閩裔氏湯歲當十七嬪我平陽淑身在樸不事艷妝閨鷄必警傾心助郎延男育女先發其祥家業遲就艱苦備嘗男兒雖少荻教無荒侍姑十載事送有方天年有限願作前娘閫規可誌堪受鸞章

德賢宗嫂劉安人像讚

副榜 光輔 興甯人

洪維宗嫂東橋氏劉歸於我族懿恭徽柔視前無異鞠育心留夫

壼於外內治克修男婚女嫁慨然任籌儉勤推已惟善為求衣食粗備持解夷猶里鄰戚族僉言德優夙緣自厚福果是逌勅書榮賁以貽孫謀

蓮友太翁像讚

廩貢　陳景炘　邑人

瑤林器宇寶相精神賑捐奏績誥授垂紳九重炳耀二品榮親夫人賢配相敬如賓誕生瑞鸑載育祥麟堂開錦繡貴耀風塵逌昇篷島龍鳳齊臻所以累葉兆蘭桂之盛承天錫齡祉之晨

惠清伯母吳夫人像讚

陳景炘

絺綌示勤藻蘋娩美早淑閨儀恒遵婦軌孝事翁姑相夫教子偕老同心潔修樽簋花誥榮膺綸恩奉旨織錦燔機處仁擇里樂善

潮安大街斲輪承印

好施降祥靡已宜其荷神庥而獲熾昌邀天眷而受繁祉

叢錄

閩粵饒氏統系皆出自江西舊譜相傳南宋時有吉安永豐纏岡饒某仕爲汀州府推官因避宋亂寓居汀之八角樓（武平中堡村名非樓名也）子四人分居各縣所謂長居武平次居上杭三居龍巖四居大埔而本宗始祖則爲居大埔之四郎自四郎以上遠溯纏岡世次至於太始祖元亮公凡二十壹世乾隆中葉大埔裔孫堂倡修族譜時適有抱纏岡刻譜來埔者堂爲檢其世次於二十世輩行果有日明公下註諱四郎生寶慶元年遷居汀州八角樓堂謂其年代僑居雖同本譜然日明公二兒據譜所載皆派在寧都與本譜之居武平上杭龍巖者不合疑四郎乃行輩通稱不妨父子同號所謂

潮安大街斲輪承印

日明公當是始遷汀州之祖仕爲推官者非我始祖之四郎也云
云茲姑錄纚岡世系附志於此以俟再覈
元亮公　漢公　植公　懷英公　信公　熊公　熙公
緒公　裔公　璨公　師鼎公　明亮公　榮邦公　鑑公
清公　槐公　珪公　雅哲公　季禮公　日明公
元亮公諱素始爲鄱陽人唐德宗時仕至浙西按撫使封紫金光
祿大夫墓在廣昌縣妣吳氏封一品夫人
漢公字威虎官散騎常侍由鄱陽遷居臨川仙源鄉亦曰白干妣
姚氏封夫人
植公字彥立妣王氏

懷英公字秀芝官大理寺丞妣梁氏封夫人

信公字文斌號三十五郎唐僖宗時爲撫州倅征寇有大功授紫金光祿大夫妣鄧氏封夫人

熊公諱夢祥字伯章行三唐仕至浙西提刑封亞中大夫自白干遷居朮陂妣孔氏吳氏傅氏俱封夫人

熙公字和甫行八歷官至浙東太守授亞中大夫妣劉氏封夫人

緒公字百剛行二官西院侍郎授通議大夫妣詹氏葉氏俱封夫人

裔公字舜卿行五太平興國時自臨川朮陂遷於吉安之樓源妣黃氏

璨公諱天佑字光泰宋景德時人行廿三妣唐氏
師鼎公諱鼎字肇亨生宋天聖仍居樓源妣韓氏
明亮公字亮二生宋慶歷治平間自樓源遷永豐之陶唐妣黃氏
榮邦公生宋嘉祐妣某氏
鑑公行六宋元祐間自陶唐遷居纏岡妣陳氏
清公諱十郎妣朱氏
槐公諱三郎妣某氏
珪公諱華二生高宗紹興癸丑八月一日妣某氏
雅哲公諱五十七郎生紹興辛己七月廿四日妣唐氏雷氏
季禮公諱六郎生光宗紹熙三年壬子二月廿九妣黃氏劉氏彭

氏兄季明弟季清各有派

日明公行三劉氏出生理宗寶慶元年乙酉九月十一日以進士爲福建汀州推官由江西纓岡厲汀之武平八角樓有子曰四郎是爲大埔始祖

舊譜既以四郎之兄居武平矣今考武平饒氏陳坑連陂二譜所載世次校之本譜多有不符陳坑譜載其始祖爲千一郎公生子四人威德維德祜德武德武德又名百四郎舉進士官汀州推官後居八角樓妣吳氏子二文珍文利文珍長子千七郎次千八郎配劉氏子二長宗賢次宗保保宗保妣林氏生子仕泰仕泰生子國寶而連陂譜則稱開基九郎公二世三八郎公三世四九郎公四

世千七郎公名衝係宋進士任汀州推官廛居八角樓再遷武平陳坑娶余氏子四文珍文禮文宣四郎是陳坑連陂皆不以汀州推官爲始祖而所稱汀州推官名諱與其妻子姓氏多寡亦異陳坑譜於推官之後又復添多二代幷雜以埔系祖名孰是孰非蓋已不能具覈而考定之矣

大埔譜世系於國寶公派下有子三人長曰元亨下註云無嗣次曰元利即埔人所稱紹興公也三曰元貞下註云遷移失稽考松口舊譜始祖名元貞由大埔遷於松口而光緒元年乙亥恩科三河饒步元新登賢書硃卷所載世系亦云始祖諱元貞係四世由大埔遷居嘉應蓋三河之饒亦來自松口也是埔譜所云遷移失

稽之元貞卽本宗之始祖固與埔人同一宗派而皆出於四郎者也

吾始祖元貞公自大埔遷移占籍梅州松口稽之舊譜皆無異詞一譜謂始祖元貞公派出於閩明洪武初僑遷於潮之揭陽縣霖田都復遷鹽田都十四圖南溪尾又遷潮陽縣貴山都陳洞徑崗頭寮後又遷普寧縣洑水都之上西埔鄉悅其山水之秀卜居焉又謂元貞公凡四娶朱氏吳氏溫氏徐氏公與朱吳兩氏合塟藍田都南塘山鄭屋塘瓦仔墳坐形烏鴉落洋拜手鹿馬白鶴穴位坐東向西分金坐甲向庚又謂元貞公子念一郎公號仰潮朱氏出生於成化元年娶張氏子四人凡此皆與舊譜所紀不合茲附

潮安大街斲輪承印

載於此以備異日考徵

與仕保公同來潮州有弟仕傥其後卒塟二塘山馬頭有子昌魁殁無嗣又仕保公長子昌貴次子昌和皆幼年棄世亦無嗣塟二塘山馬肚三公皆隨仕保公配祭又顯科公三子協進有子三人後亦無嗣墓在西門外明鏡寺傍今隨顯科公配祭又協華公子艮錦艮猷亦以早夭無嗣艮錦墓在東津凋籃艮猷墓在西門外池湖鄉今隨協華公配祭

先代塋兆既備著墳墓門中而所稱牛眠吉壤者約有數處如二塘山之昌茂公墳訪門嶺之顯科公坆凋籃之艮錦公坆鳳棲之湯氏媽坆其龍脈鬱鍾之氣水神趨迎之美類皆膾炙人口爲堪

輿家所稱其本墓前後因防他人侵佔往往增築虛壟謂之保墓故凡墓書饒公某某而名不符譜者皆保墓也茲特揭明於此以免後人有所疑誤

自十二世祖仕保公占籍海陽初居邑東之烏石寨務本力農垂二三十年至十四世祖顯科公始遷居縣城長養坊曰篤倫堂宅在城中石獅巷口我饒氏自徙宅於此生齒日以蕃殖未及十稔食指已踰數十潮俗舊重科名於時我家充邑庠生者一人爲邑增生者一人由附生拔貢繼登賢書者一人居然詩書之族矣後以人衆宅莫能容先曾祖協華公乃徙居長養坊之王厝堀曰篤慶堂而篤倫堂則歸諸弟分居生曾祖考協龍公卒於篤倫堂爲

道光甲午後二十五年先曾叔祖中書公又歿自中書公歿篤倫堂各房人口漂泊死亡相繼至於今式微甚矣而我篤慶堂之宅則自協華公至於先祖朝議公代有擴張先祖暮年於篤慶堂之北又搆別宅以遺幼子後叔父蓮友公復買毗鄰廖氏宅以居光緒庚戌家君亦以子姓繁茂徙宅於生融坊下東堤然寶璇之生實在篤慶堂吾朝議公派下子姓今正綿熾較之數十年前篤倫堂尤盛寶璇恐祖德之不繼後人之流於嬌惰也乃爲記先宅盛衰榮悴如此以見鬱久必昌物盈則溢而持盈保泰實在子孫之能培沃其本根慎毋以祖宗功德爲可恃也

吾家世德相仍寶璇之生也晚所傳聞之世高祖以上之行誼不

及知惟吾祖朝議公迎養寡姊三十年如一日及姊歿復營其喪葬獨力任之其事爲尤難是時吾家尙窮約先祖旣篤於親親而先祖母劉太恭人復能推先祖之意樂施行善仁德益廣被於一鄉鄰里戚鄙有以貧告貸者先祖母量力賙給無不各滿其意以去嘗於歲暮脫簪救一鄰人洎先祖母之歿諸嘗受惠者皆來弔泣不可仰吾母中年嘗產後大病幾危群醫束手家君爲祈於邑西湖山有神降乩告家君曰上帝念汝母生前頗積德已允爲汝妻增壽家君大感動後吾母之疾竟瘳嗚呼孰謂善惡不通神明哉

族譜舊有恩榮一門以紀述皇言而光門閫今天下大公君權已

廢實無恩之可言然前清之世吾家代有誥命其官閥封銜既散見於表傳故無庸贅設一門頃於舊笥檢得先高祖妣生曾祖妣貤贈誥軸四通附錄於後以見一斑

顯科公貤贈朝議大夫勅文

制曰考績報循良之最用獎臣勞推恩溯積累之遺載揚祖澤爾饒憲科迺州同銜加四級饒良洵之祖父錫光有慶樹德務滋嗣清白之芳聲澤留乎世衍弓裘之令緒祜篤一堂以茲以覃恩貤贈爾爲朝議大夫錫之誥命於戲聿修念祖膺懋典而益勵新猷有穀詒孫發幽光而丕彰潛德

慈順張氏媽貤贈恭人勅文

制曰册府酬庸聿著人臣之懋績德門積慶式昭大母之芳徽爾
慈順張氏迺州同銜加四級饒艮洵之祖母箴誠揚芳珩璜表德
職勤內助宜家久著其賢聲澤裕後昆錫類式承乎嘉命茲以覃
恩貤贈爾爲恭人於戲播徽音於形管壺範彌光膺異數於紫泥
天庥允劭

仙梯公貤贈朝議大夫勅文

制曰資父事君臣子篤匪躬之誼作忠以孝國家宏錫類之恩爾
饒步雲迺州同銜加四級饒興槐之本生祖父善積於身祥開厥
後敎子著義方之訓傳家裕堂構之遺茲以爾孫克襄王事貤贈
爾爲朝議大夫錫之誥命於戲殊榮必逮於所親寵命用光乎有

子尚宏佑啓益勵忱恂

淑身劉氏媽貤贈恭人勅文

制曰奉職在公嘉教勞之有自推恩將母宜錫典之攸隆爾淑身劉氏迺州同加四級饒興槐之生祖母壼範宜家素協承筐之孅母儀詒穀載昭畫荻之芳茲以爾孫克襄王事貤贈爾爲恭人於戲彰淑德於不瑕式榮象服膺寵命之有赫允賁泉壚

光緒十三年丁亥六邑扶輪堂蓋建竣事少泉公捐金貳佰元恭請皇考月堂公進堂配享主位居正坐東龕前一日行家祭禮其祭文如下維光緒十有三年歲次丁亥十一月甲寅朔越十有七日庚午主祭男艮洵率孫興槐興桐興榆興枚興權興樑曾孫見

儒見烈見欽謹以庶饈庶品香帛酒醴之儀敢昭告於我皇考太學生晋贈朝議大夫月堂府君皇妣孺人誥贈恭人克誠吳太恭人之靈曰緊我先公遺澤孔長利茲後嗣納職名揚州同授例循厥舊章覃恩偶值寵錫龍光秩分朝儀誥軸彰彰伏祈冥受薦爵垂芳扶輪蓋建擇地惟艮吉涓葭月香火肅將虔請牌位配祭享堂家居先祭敬薦霞觴奉牲告潔醴酒馨香神兮來享申錫無疆綿綿瓜瓞厥後克昌尚饗

吾宗祠經始於光緒十七年辛夘十月廿四日乙夘落成於十八年壬辰八月初五日庚申越十一月初八日壬辰進火崇升少泉公自題楹聯云祖德難忘模烈遠貽天廣大孝思不匱蘋蘩時薦

潮安大街斲輪承印

水泉香

記一九二一

——八一年事略

回首童年，幾度變亂，失落無存，逢堂弟錫權，從印尼來臺灣，閑話家常，知有原本携出，整修影印，依憑慎終，願望世世維護，代代綿延，承先啟後，薪火相傳。

譜編辛酉年，重印於辛酉，恰滿甲子一周。事雖巧合，豈有定數歟。

吾家興盛之期，乃在清末民初潮梅各屬，顯赫一時，經營金融業，挹注財政，緩急地方經濟，極有佳評。例舉當時政府士紳，賦予發行鈔票，作為貨幣流通，可見聲譽之隆，家族志行之嘉。弗克臻此，尤其應付軍閥，勒索供需，為望安定鄰梓，惠獻良多。吾家祖父秋圃，堂伯寶璇，外祖父舒毓嵐公，歷任商會會長，肩負商賈樂業，再具體慈善者，年逢除夕，必在開元寺中，施以現金，予貧苦者度年。素憐貧病，施醫贈藥。伯父靜巖公，力創綿德善堂，興辦學校。當遭『八二』風災，聯同汕頭存心善堂，處理災害善後，常聞閭里稱讚。先祖父蓮友公、先祖母吳氏媽，受瘟疫流行中(霍亂)，雙雙同日逝世。由是家傳於茲，針對此症，常備特效藥丸，贈送急需患者，經年不輟，迄今垂數十年。憶在忖思，我等兒孫，歷盡兵燹，屢涉離亂，如今得慶安然，是沐祖德之蔭。世界第一次大戰，受不景氣促成，當時潮流，倒風熾盛，我金融業，授信放貸，首當其衝，由是被累，家業毀於一旦，迨至整頓稍興。抗日事起，家鄉淪陷，長輩凋零，精壯外奔，整個家族，於是土崩瓦解，世界各處，萍寄子弟蹤跡，自是伊始，現久羈異鄉，均有歸屬趨向。今茲重印斯譜，期使後人翻閱，追溯根源，知何所本。至於故鄉風貌，永遺掛牽懷念。

吾家人文輩出，十八世伯叔若杲公、禹初公、寶璇公，詩文書畫，地方有傳；經濟貿易，如祖叔秋圃公、先父靜嵐公、叔靜軒公，皆一時俊彥，咸足矜式。

旭琳出生於潮安王厝堀古屋，適民國締造之初，專制與民主交替，變亂頻仍，歷經軍閥、北伐、抗日勝利復員，又遭國土變色，身受不少辛酸。先父靜嵐公，生於一八九二年，逝世於一九五九年；先母舒氏，生於一八九六年，棄養於一九四一年，因中年罹患食道癌，當時在淪陷間，交通阻難，終冒險歸省，母極識大體，屢促離陷區，不意一別，竟成永隔。大兄旭初，逝於一九七五年，大嫂卒於一九七七年，子女均成人。三弟守住家園；四弟任事雲南昆明，電力工程師；大妹淑姬，全家居香港；二妹淑玉居家；三妹淑芳，服務漢口醫院護理，各人兒女均已成長。

抗戰持久，艱難再深，旭琳奔走於港、澳、閩、粵、滬、杭、湘、贛、川、滇各地，凡能洩護物資，均設站接運必需品，以供後方，頗具裨益，是時統率工作人員百餘，車隊數十輛，略具規模，效率亦佳，政府貨運管理處，某巨公嘉勉之下，笑語云云，雖非壯志從戎，亦曾馳騁中原，可見豪氣，亦稍盡國民之責。勝利後回滬，重整舊業，不久政府撤退，基礎又廢。一九四八年到香港，遣兒輩赴澳洲求學，求得安全，亦以存幼苗，自赴泰國，至一九五六年，因妻恙回返，再在港設辦紗廠。越五年，美國設限，紡織品經營逆轉，又遭損折，結束後遷印尼萬隆，一九六七年移臺灣，配合香港、泰國機構，算爭一席地，忽忽又十餘年矣。

一九三二年與廖子軒公長女雪芳，由窗友論婚嫁，遲日可携兒孫慶金禧，此段歲月，深獲良伴，雖逢波濤起伏、風雨滿天之時，終永為我扶持。一九三四年於潮安，生長女曼玲，畢業澳洲雪梨大學生物化學士，適廖耀智醫生，生長子力思，攻牙醫，長女湘麗、次女仙麗；一九三八年於潮安，生長子冠瀛，畢業澳洲雪梨大學理科學士電機學士、碩士，娶梁美儀醫生，生女慧慧；一九四〇年於上海，生次子冠宇，畢業澳洲南威爾斯大學理科學士，娶王少雅，畢業於同校生物化學學士，生子精益、女慧敏；一九四六年於上海生三子冠時，畢業澳洲雪梨大學醫科學士、專科院士、醫學博士，娶DENISE，學婦產科，在英國倫敦，生長女慧宜，現集居澳洲雪梨市，尚能各依所學工作，均盡守份。

旭琳窮畢生心力，而事無成，深引自愧，但處斯亂世，稍次慶家庭美滿，亦算平安是福。

十九世孫旭琳重印家譜附述

附錄

家學與傳承[一]

——以饒鍔、饒宗頤父子為例

饒宗頤先生是國際著名漢學大家，是集學術、藝術於一身的大學者。其治學是靠家學、師承和自學才得以博古通今，胡曉明在《饒宗頤學記》有言：『饒宗頤與同時代的學人相比較，有一個突出的特點，即門廳軒敞，格局規模大。』並將其治學歷程劃分為三個階段，特別提到第一階段，『饒氏少年著述，即整理輯錄鄉邦文獻，這一學問之根，真而且正，故其學問之大樹，柯葉俊茂』[二]，準確把握住其父饒鍔（一八八九至一九三二）對少年饒宗頤的人生選擇與學術取向所起的關鍵性影響。饒宗頤先生曾自述道：『我終於還是成了一個學者，其中很重要的一個原因，是我父親的影響。』[三]本文僅以一二事例探討饒宗頤先生家學淵源，以期對今天的教育方式能有些參考作用。

[一] 本文為韓山師範學院饒宗頤研究課題『近代潮汕學人與饒宗頤教授學術淵源研究』（專案編號：RV 201202）、潮州市哲學社會科學『十二五』規劃二〇一二年度專案『家學與傳承——以饒鍔、饒宗頤父子為例』（項目編號：2012 —A — 05）階段性成果之一。

[二] 胡曉明：《饒宗頤學記》，香港：香港教育圖書公司，一九九六年，第四五、七七頁。

[三] 饒宗頤述，胡曉明、李瑞明整理：《饒宗頤學述》，杭州：浙江人民出版社，二〇〇〇年，第二頁。

一

《孟子・萬章章句下》有曰：『頌其詩，讀其書，不知其人，可乎？是以論其世也。』[一]吳鴻藻於一九三二年饒鍔逝後不久，曾為其撰一傳，為目前所知的其最早小傳，茲謹錄如下，以見其概：

饒鍔，字純鉤，一字鈍庵，別號蒓園居士，潮安人。父興桐，以貨殖起家，潮商稱長者。君少侍仲兄次雲讀。次雲性孝友，抱顯揚志，就學翁明經蘭。弱冠，以製藝鳴於時，應府縣試列前茅。會科舉報罷，不得青一衿，人皆惜之，而次雲怡然。尋隱於市，助其父權子母，以勤敏稱，且商且讀。嘗苦《文選》多難字，乃專治六書，竟委窮源，遂通小學。著《說文旁證》一卷。君師事仲兄，樸學得其途徑。窮年矻矻，英華含茹，蓄而不宣。既而遊學四方，進嶺東同文學堂，又負笈海上，遨遊大江南北。時風氣大開，知非可徒域以古禮，思探科學新理，有所灌溉，以效忠社會。既受法學得業士矣，旋承潮安商會選任商事公斷處處長。人謂君應時幹才，而於古學之湛深，莫之知也，君亦未輕以示人。會道喪文敝，時論喧呶，君愍國學凌夷，以求闕文、補漏逸為己任。罄其囊資，網羅群籍，以故藏書富甲一邑。殫精著述，抗志遠希，貌癯而心壯。顧自壯歲而仲兄歿，越數年而髮妻歿，父與長兄又未周期而相繼歿，君迫於環境，家計商務交集，體益瘦，而神志不衰。晚辟蒓園，築天嘯樓於左，琳琅滿目，謂將樂此不疲。夙愍潮州文獻散佚，博稽詳考，仿孫詒讓《溫州經籍志》例，撰《藝文志》。體大思精，十已竣八九。惟清代未及編而病不起矣。卒年四十有二，民國二十一年（一九三二）七月五日也。著有《右軍年譜考》《吳越遊草》《慈禧宮詞》各一卷，《西湖志》十卷，《饒氏家譜》八卷（應為九卷），《法顯〈佛國記〉疏證》十卷。其屬稿未完者有：《親屬記補注》《潮雅》《淮南子斠證》；《漢儒學案》先成《易學》一卷，《清儒學案》先成目錄、凡例四卷；續章學誠《校讎通義》、李圓度《先正事略》，則有目無書。子五：長宗頤，肄業省立第四中學；次宗栻、宗愈、宗亮、宗震，皆幼。

吳鴻藻曰：『余聞史遷言：「賈人以心計言利事，析秋毫矣。」今觀饒君乃用其利以博群籍，用其心計以辨義理，

[一] 楊伯峻編著：《孟子譯注》，北京：中華書局，一九六二年，第二五一頁。

精考據，剖析於幾微。雖著述完缺有差，而志在千秋，久而不懈。古所謂賢而多財，則損其志者，豈其然乎？余輯《潮州先正遺書叢刊》，徵訪累年，君臂助尤力。孰意書將告成，而君遽長逝耶？此可為地方人才悲也夫，寧感舊之悲而已耶？嗟夫！此余所以汲汲於徵君之文而不能自已也。』〔一〕

著名史學家顧頡剛曾評介說：『看饒鍔《天嘯樓集》……饒鍔為饒宗頤之父，出身商人家庭而酷好讀書，所作具有見解』。〔二〕曾憲通更稱之為『潮學研究的先行者和奠基人』〔三〕。

衆所周知，饒宗頤先生不但博古通今、東西融貫，而且學藝雙携，是當今公認的世界級漢學大家。然而，先生在學術和藝術上的成就，卻是在故鄉潮州奠下根基的。饒宗頤先生晚年多次憶述早年治學經歷時，屢屢提及父親的影響，『我終於還是成了一個學者，其中很重要的一個原因，是我父親的影響』。『父親對我的影響很大，我有五個基礎來自家學：一是家裏訓練我寫詩、填詞，還有寫駢文、散文；二是寫字畫畫；三是目錄學；四是儒、釋、道；五是「乾嘉學派」的治學方法』。〔四〕『我的基礎十六歲之前就打下了。』〔五〕

饒宗頤先生的治學興趣，是由父親鈍庵先生言傳身教培養出來的。

鈍庵先生本人既是潮州商界巨賈的公子，又是嶺東學界的飽學鴻儒。然而，他走的不是經商而是治學的道路，這對宗頤先生影響極大。他自己在很多場合都說過，要做成學問，『開竅』十分重要，要讓小孩心裏天地寬廣，讓他們充滿幻想，營造自己的世界。而他的世界，便由父親的『天嘯樓』開啟。家內天嘯樓十餘萬卷的藏書，伯父家中豐富的金石古董和書畫碑帖，對幼小的宗頤先生具有無窮的吸引力。他曾憶述：

我的家族可以說是潮安地區的首富。我的祖輩是商人，很會做生意，積攢了大量錢財，但並不是一般的富貴鄉

〔一〕吳鴻藻選編：《潮州靈光集》卷六，鈔本，一九三二年，孫杜平先生提供資料。關於饒鍔的學術經歷，可參見陳賢武：《饒鈍庵先生學術年表初編》，《第九屆潮學國際研討會論文集（工作版）》，馬來西亞檳城，二〇一一年：第四〇一至四一五頁。

〔二〕顧頡剛：《顧頡剛日記》，臺北：聯經出版事業公司，二〇〇七年，第五八〇至五八一頁。

〔三〕曾憲通：《讀選堂尊翁〈饒鍔文集〉有感》，《選堂訪古留影與饒學管窺》，廣州：花城出版社，二〇一三年，第一六九頁。

〔四〕饒宗頤，陳韓曦：《選堂清談錄》，北京：紫禁城出版社，二〇〇九年，第二頁。

〔五〕孫啟軍：《『我的生活與學術是合一的』——訪國學大師饒宗頤先生》，《羊城晚報》，二〇〇三年一月十一日。

紳。我出生的時候，家族不但沒有衰落，而且正如日中天。我的高祖名興桐，有四個兒子，每人都開有錢莊，自己發行錢票。有錢就可以買書，大型的書籍如《古今圖書集成》《四部備要》《叢書集成》等都購置了。這就是我的父親饒鍔藏書樓「天嘯樓」的來歷。裏面的藏書那是以十萬計的。我的伯父是一個畫家，畫山水；又是收藏家，收藏的拓本、古錢，數量多達數千種。可以想見，我小時候成天就接觸這些東西，條件是多麼好！現在的大學生，畢業了，都未必有我六七歲時看到的東西多。而且，一般的士紳家庭、書香門第，還不能有這樣的條件。[一]

他富於幻想，『我從小時候起，就有一種強烈的好奇心，什麼東西都想弄個明白，這是我氣質中的一面。另一面是喜歡幻想。真的東西與假的東西，很奇妙地成為我內心世界中的兩大享受，可以形成一個自足的內心天地。我很小的時候就很孤僻，幾乎沒有一個同齡夥伴，也從不到野外去玩耍。你們看我後來的詩文繪畫。酷愛自然，遊心山水，會覺得我小時候也一樣鍾情於大自然，其實不是，是後來受了道家思想影響的緣故。我小時候，只是成天沉浸在書籍古畫之中，幾乎可以一個人一整天待在書樓畫室裏。但我從未感到孤獨過。我的這種氣質自小時就很明顯，就是不管外面的世界、人家的事情，只做自己的事情，而且全神貫注地做好。我心裏的天地很寬很大，想像非常多而活躍。六七歲以前，酷嗜武俠神怪書籍，平江不肖生的書都看了。讀武俠書不僅可以增加歷史知識，而且有助於寫作，因為有很多的想像。我現在還是認為文學中小說是最難研究的，其中的名物考釋遠遠難於史書。不過最喜歡讀的一部書，是《封神榜》，怪、力、亂、神四字中，最引我入勝景的正是「神」。這個「神」是神話中的「神」，不是最高主宰的「神」，亦不是神仙的「神」。我喜歡歷史，亦喜歡神話，歷史求真的東西，神話求假的東西，這兩樣東西都給了我的少年時代很大的享受。我的身上一直有追求這兩種享受的衝動。七八歲時，我差不多寫成了一部小說，叫《後封神》，有點像現在金庸寫的這些各路英雄豪傑，可惜沒有留下來，不然真是有點意思的。』[二]

十歲遍看《史記》《漢書》，能背《孫武列傳》《吳起列傳》，『年齡很小時，我就懂得怎樣把文章寫得舒暢些、雅一點，亦知道該用哪種文體寫哪類文章』[三]。饒宗頤先生是如此回憶的。十六歲作《詠優曇花詩》，一時驚動衆老宿，

[一] 饒宗頤述，胡曉明、李瑞明整理：《饒宗頤學述》，杭州：浙江人民出版社，二〇〇〇年，第一至二頁。
[二] 饒宗頤述，胡曉明、李瑞明整理：《饒宗頤學述》，杭州：浙江人民出版社，二〇〇〇年，第五頁。
[三] 邵嶺：《饒宗頤：所謂大師，是要講機緣的》，《文匯報》，二〇一二年七月三日；《新華文摘》二〇一二年第十八期，第一〇二頁。

遂得『神童』之譽。除了廣泛閱讀，兒時的饒宗頤先生最喜歡的就是參加父親在家裏舉辦的各類文化活動。來自當時潮梅地區十五個縣的名流才士不時在這裏雅集，唱酬感懷，例如後來成為中山大學著名教授的詹安泰（當時的潮州韓山師範學校教師）、黄海章（當時任教於廣東省立金山中學）等。這一群志趣相投的文人們成立了詩社——『壬社』，常在饒家天嘯樓吟詩作對、切磋學問。林語堂説，做學問就像『熏火腿』〔二〕，而宗頤先生一生的志趣和作派，亦就在這樣的文化空氣中被一點點地熏了出來。

正是鈍庵先生篤志於學的精神，引導着饒宗頤先生走上治學的漫漫長路。正如他自己所説：富裕的家庭環境，『按理説，似乎可以造就出一個玩物喪志的公子哥兒出來，但是我終於還是成了一個學者，其中很重要的一個原因，是我父親的影響』〔三〕。

鈍庵先生對饒宗頤先生的第二個影響是引導他掌握樸學的治學方法。

我國『考據』之學，肇始於兩漢，故又稱漢學；極盛於乾嘉，即所謂『乾嘉學派』。史學家范文瀾先生在論述清代考據學的發展時指出：『自明清之際起，考據學曾是一種很發達的學問，顧炎武啟其先行，戴震為其中堅，王國維集其大成，其間卓然名家者無慮數十人，統稱其為乾嘉考據學派。』〔三〕梁啟超在《中國近三百年學術史》中認為，乾嘉諸儒所做的工作，舉其要者，約有十三個方面：（一）經書的箋釋；（二）史料之搜補鑒別；（三）辨偽書；四）輯佚書；（五）校勘；（六）文字訓詁；（七）音韻；（八）算學；（九）地理；（十）金石；（十一）方志之編纂；（十二）類書之編纂；（十三）叢書之校刻。〔四〕上列諸項儘管分類並不十分嚴密，且亦不能包舉無遺，但大致可以看出乾嘉學術的規模和氣象。梁氏又總結樸學家治學的精神是：『蓋無論何人之言，決不肯漫然置信，必求其所以然之故；常從衆人所不

〔二〕 一九五四年十二月一日，林語堂在新加坡南洋大學首都餐室，向一百多名扶輪社會員演講他理想中的大學：『熏火腿的辦法，或許是培養學生的一個好辦法。要熏火腿，我們須將生肉放在室中，以煙熏之，久而久之，它必成為火腿。為辯論起見，我可以説，我們也可以將學生關在圖書館裏，任他們在裏面抽煙，或打瞌睡，但久而久之，他們會對學問發生興趣，而成為學問豐富的人。』見柯南：《林語堂與南大》，http://www.nandazhan.com/lishi/yutang03.htm。又林語堂《吸煙與教育》：『向來中國言教育者，多用「熏陶」二字，便是指用煙氣把學生熏透之意。即其他名詞，如「陶熔」，指火，「沾化」，指春風化雨，仍然是空氣作用，要皆不離火與氣。大凡中國人相信，一人的學問與德性，是要慢慢陶熔熏化出來的，絕不是今朝加一單位心理學，明朝加一單位物理，便可成為讀書人，古人又謂「與君一夕談，勝讀十年書」，可見學問思想是在燕居閑談切磋出來的。』見《林語堂名著全集》第十四卷，長春：東北師範大學出版社，一九九四年：第二六三至二六四頁。

〔三〕 饒宗頤述，胡曉明、李瑞明整理：《饒宗頤學述》，杭州：浙江人民出版社，二〇〇〇年，第二頁。

〔三〕 范文瀾：《看胡適的『歷史態度』和『科學的方法』》，《范文瀾歷史論文選集》，北京：中國社會科學出版社，一九七九年，第二四四頁。

〔四〕 梁啟超：《中國近三百年學術史》，上海：上海古籍出版社，一九九八年，第三四頁。

注意處覓得間隙，既得間，則層層逼拶，直到盡頭處；苟終無足以起其信者，雖聖哲父師之言不信也。此種研究精神，實近世科學所賴以成立。』[一]

鈍庵先生治學之道，主張『以考據義理為先，文章其餘事耳目』[二]。溫丹銘在《贈饒君純鈎並序》中說：『純鈎，余分教同文學堂時學生也。近數年來，見其所作古文辭深合義法。今歲以創《國故》月刊，故來書通問。秋仲之潮，因造訪焉。款留深談，出所著《〈佛國記〉疏證》《王右軍年譜》相質，詳審精博，蓋文人而兼學人矣。喜贈以詩。』其『義安開郡後，千載得斯人』句自注：『吾潮向但有詩人、文人，而無學人；宋明義理之學，尚可得數人，若考證則絕無矣。』又『山原無擇壤，道豈限傳薪』句自注：『君獨學深造，不由師承。』[三]可見，在溫先生眼中，鈍庵是吾潮首位從事考證的『學人』，並且申明，他在『考證』方面的成就，並非來自師承，而是由他獨學深造得來的。

清代學者將語言文字研究稱為『小學』，並把它看成是研究經學的基礎知識，做學問是有次第步驟的，張之洞在《書目答問·國朝著述諸家姓名略總目》中說：『由小學入經學者，其經學可信；由經學入史學者，其史學可信；由經學入理學者，其理學可信』[四]。那如何打好『小學』基礎？鈍庵先生在《答某君書》中，就嚴厲批評當時流行的兩種說法，即『習小學者當以《康熙字典》為宗』與『用字出於字典之外者必為臆造』。他認為這完全是『捨本逐末』的做法，嚴正指出：早在未有《康熙字典》之前，小學之書已汗牛充棟，其最古而尤要者，若《爾雅》《說文解字》《方言》《廣韻》《集韻》《廣雅》《釋名》等書，雖皆見引於字典，要多割裂淆亂。他反覆告誡學者必須苦讀原典，方能窺見古人為書之旨，並再三強調：『此數書雖繁枯難識，然習小學者不能捨此而他求也。』[五]鈍庵先生不僅是這麼說，亦是這樣做的，在《饒鍔文集》中處處可見他在這方面的傑出才能。例如《饒氏得姓考》[六]一文，雖區區千五十言，而徵引文獻竟有《尚書》、《左傳》（春秋·左丘明）、《史記》（西漢·司馬遷）、《漢書》（東漢·班固）、《風俗通》（東漢·應劭）、《潛夫論》（東漢·王符）、《說文解字》（東漢·許慎）、《姓苑》（南朝宋·何承天）、《水經注》（北魏·

[一] 梁啟超：《清代學術概論》，天津：天津古籍出版社，二〇〇三年，第二五至二六頁。
[二] 饒宗頤：《〈天嘯樓集〉跋》，陳賢武、黃繼澍整理：《饒鍔文集》，香港：天馬出版有限公司，二〇一〇年，第一五七頁。
[三] 溫丹銘：《三十須臾吟館詩續集五》，稿本，汕頭市圖書館藏。
[四] （清）張之洞撰，范希曾補正：《書目答問補正》，上海：上海古籍出版社，二〇一〇年，第二一九頁。
[五] 陳賢武、黃繼澍整理：《饒鍔文集》，香港：天馬出版有限公司，二〇一〇年，第七九至八〇頁。
[六] 陳賢武、黃繼澍整理：《饒鍔文集》，香港：天馬出版有限公司，二〇一〇年，第一三一至一三五頁。

酈道元）、《新唐書》（宋·歐陽修等）、《困學紀聞》（南宋·王應麟）、《路史》（南宋·羅泌）等十多種，極盡探源究本、疏通證明之能事，如抽絲剝繭般引出於饒姓『蓋出於虞舜之後』而非出自唐堯之推斷，言之鑿鑿，勝似老吏斷獄，前此之歧論訛傳，遂不攻而自息。誠如先生所言的『文章之道，未有不讀書而能工者也』[一]。具體落實到指導兒子時，更是細微之處見親情。

宗頤先生出生時，長輩給他起了個吉祥的名字叫『福森』。鈍庵先生希望自己的兒子將來能夠成為像北宋理學的開山鼻祖周敦頤那樣的大學者，便更名為宗頤；又因敦頤字濂溪而為其取字伯濂。父親的用心，是以先哲的名字來激發孩子志超先賢、規劃人生的奮鬥目標，更用《愛蓮說》『出淤泥而不染』及『中通外直』來陶冶其做人的情操和品格。周敦頤主張『出佛入儒』，對儒、道、釋都有精深的造詣，這些對饒宗頤先生幼年心智的開發，都起到了積極的作用。鈍庵先生不論是在為法顯《佛國記》作疏證、為王羲之作《王右軍年譜》時，還是在編纂《潮州藝文志》時，總讓長子在旁幫助，諸如翻檢群籍、核對引文、抄寫稿子等。正如饒宗頤先生在《〈潮州藝文志〉序》中所說：『先君斠校陳編，每有所獲，輒命寫錄，因得粗窺為學門徑。』[二]就這樣，鈍庵先生從事考證工作的步驟和方法，便在不知不覺中對兒子產生了潛移默化的作用。饒宗頤先生常常對後輩說：『我現在用的這套辦法，是小時候從父親那裏學來的。』此處所說的『這套辦法』，指的就是『乾嘉學派』治經、治史的考據方法。

中國傳統學術有兩個最興旺的時代，一個是清朝的乾嘉時代，另外一個是民國時代，乾嘉時代和民國時代是有淵源關係的。從饒宗頤先生的經歷來說，他能夠在各個領域取得這麼大的成就，第一是因為他有家學淵源。他自己曾經說過，他家學方面有五項基本功，就是詩詞創作、書畫、目錄學、儒釋道、『乾嘉學派』的考據功夫。[三]其中前四者均屬治學的基礎，而第五項是促使其成果累累的關鍵因素。翻開《饒宗頤二十世紀學術文集》十四卷，可以發現，其中無論何種著述，全部建立在堅實的考證之上。無論從學術淵源還是學術成果，他的治學與『乾嘉學派』是一脈相承的。

既然是考據，求闕、求知就是必不可少的治學態度。天下萬物都有『缺』，『求闕』就是想把『缺』補齊，但事實上永遠也補不齊，就會永不知足地追求下去。而『求闕』二字在饒宗頤這裏，更是被無限放大。他說自己常常感到整個

[一] 陳賢武、黃繼澍整理：《饒鍔文集》，香港：天馬出版有限公司，二〇一〇年，第八〇頁。
[二] 饒鍔、饒宗頤：《潮州藝文志》，上海：上海古籍出版社，一九九四年，第二頁。
[三] 饒宗頤、陳韓曦：《選堂清談錄》，北京：紫禁城出版社，二〇〇九，第二頁。

人都被旺盛的求知欲所征服甚至吞沒，『我研究很多很多問題，我學會一種又一種文字……為了尋找一件事的根源，我一定要找到原來說的那句話，這其中的過程，要很有耐心，有些問題，我慢慢研究了十幾年』〔二〕。是求知欲推動着他忘我地思考、閱讀、追尋，從最貼身的潮州文化開始鑽研起，及至足跡遍布天下；對於他來說，旅行的意義就是能親自驗證書本上得來的東西，然後滿意地對自己說：原來如此；又或者是受到新的啟發，產生新的疑問，展開新一輪探索和研究。可以想見，若沒有他求闕、求知的態度，著作《老子想爾注校證》就無法問世。《老子想爾注》是道教早期的重要典籍，雖說史書中有記載，但早在隋代以前就已散失。清朝末年，人們在敦煌莫高窟發現了六朝寫本《老子道經想爾注》殘卷，卻被英國人掠走，收藏在倫敦大英博物館。饒宗頤一番追根溯源，終於找到敦煌殘卷，把正文和注釋分別記下來之後，按照《老君道德經河上公章句》的順序逐一考證、注釋，於一九五六年寫出了《老子想爾注校證》，填補了中國道教史的一片空白。而他研究敦煌學，亦是因為一九五二年，得方繼仁先生襄助，得到日本榎一雄於倫敦所攝斯坦因搜集品的微縮膠卷，成為當時遠東惟一私人擁有這部微縮膠卷者，而想到當時中國的敦煌學已經落後於外國，他於是暗下決心，一定要好好研究敦煌學。〔三〕

中國文人自古講究格物致知，到了『乾嘉學派』，去掉了致知，只專注於格物，講究琢磨工夫，從學問到生活，發現感興趣的就會盯住不放，非搞出個名堂來不可。這股學風影響了近代不少學者，饒宗頤先生顯然也深受這股學風的影響。

在很多人眼裏，饒宗頤先生的學問很少與世事相關——這恰恰也是『乾嘉學派』在後期的一個鮮明特點。乾嘉學

〔二〕邵嶺：《饒宗頤：所謂大師，是要講機緣的》，《文匯報》，二〇一二年七月三日；《新華文摘》，二〇一二年十八期，第一〇二頁。饒宗頤在《〈論饒宗頤〉跋》中就已說過相同的話，他說：『自問學無所成，何足掛齒！只有一顆縋幽鑿險的童心和勇氣，雖逾古稀之年，一談起學問來，仍然興致勃勃。可能是「不認老」的表現。我一向喜歡用哲學的心態，深入考索，而從上向下來看問題。所謂「問題點」，基本上是給周遭的因緣網交織圍繞着，必須像剝繭一般逐層加以解開，蘊藏在底面的核心才有呈現的機會。在治學上我主張用「忍」的工夫，沒有「安忍」，便不能「精進」，「智慧」也許在這知識的苗圃茁長，這樣逐漸培養出精神上的「自在」。不管別人的訕笑或稱譽，獨來獨往，我行我素。有些人問我如何去做學問，何以對學問死纏不放？我謹以上述數句作為回答。』見鄭煒明編：《論饒宗頤》，香港：三聯書店（香港）有限公司，一九九五年，第五一九頁。

〔三〕饒宗頤：《我和敦煌學》，張世林編：《為學術一生》，桂林：廣西師範大學出版社，二〇〇五年，第五一二至五一六頁；饒宗頤、池田大作、孫立川：《文化藝術之旅》，桂林：廣西師範大學出版社，二〇〇九年，第二〇二頁。姜伯勤《從學術源流論饒宗頤先生的治學風格》中歸納了先生在多個課題上的率先研究，其中有關敦煌學的有：研究敦煌本《老子想爾注》之第一人；敦煌白畫為前人未接觸之題目；在東京出版《敦煌書法叢刊》第廿九册，亦為首創等。詳見鄭煒明編：《論饒宗頤》，香港：三聯書店（香港）有限公司，第四七四頁。孫立川認為他對《老子想爾注》的研究至今仍無人能及，對敦煌的佛經、文學、藝術（尤其是壁畫）的研究更是獨步一時。詳見饒宗頤、池田大作、孫立川：《文化藝術之旅》，桂林：廣西師範大學出版社，第二〇二頁。

者由於受到『文字獄』的打擊和壓製，漸漸遠離了考據學在清初提倡的經世致用思想，不願再摻和到政治當中，寧可閉門治學。到了饒宗頤生活的年代，雖然在『五四』之風的宣導下，文氣開放了許多，但『乾嘉學派』那種不問世事、潛心向學的氣質顯然浸潤到了他的骨髓裏，他仿佛被一個金鐘罩罩住，懷抱着赤子之心，無論生活習慣還是治學態度，都不受外界影響。在饒宗頤先生看來，心態寧靜是做學問的重要條件，而要養成內心的干净和安定，就要少執念於學問以外的事。

鈍庵先生對饒宗頤先生的第三個影響是引導其參與編纂傳承地域文化的鄉邦文獻。

饒宗頤先生在《〈天嘯樓集〉跋》中指出，其父親一生『素以振故學為職志，於鄉邦文獻尤為眷注』[一]，『因有感於鄉邦文獻之凋殘，又以郡縣舊志於先賢簡籍雖有載述，然多疏漏踳駁，不足以殫考證而資表彰，於是大索遺書，鈎稽排纂，初擬補《海陽縣志·藝文略》，嗣以採集益夥，更廣及它邑。後得孫籀廎《溫州經籍志》，愛其體例詳審，遂有《潮州藝文志》之作焉』。其『匄集鄉先哲遺籍，上溯唐宋，下迄清季，凡所搜括，不下千種』[二]。大抵以天嘯樓庋藏為依據，兼取材於出版界及各世家之板藏、舊鈔、稿本有年，殫精竭力爬梳資料，始於一九二五年動筆屬稿。可惜所業未竟，而賚志以沒。饒宗頤先生克紹父裘，追續成稿，『先君殫竭精力……迨至纂輯清人別集，竟以勞而致疾。彌留時，深以屬稿未成為憾』，『是編屬稿，肇於乙丑，復歷數載，始克裒錄。寫定者八卷，屬草稿未錄者又八卷。自明人集部以下文，則未詳崖略也。先君既沒，是編零亂篋衍中。宗頤懼其久而散亡，輒為條次，復依原目，旁事搜討，欲為補訂，以成先君之志』[三]。為使書目內容更趨精審，更張父親手訂義例，重編全稿，改父擬二十三卷為十九卷，兢兢業業，全面統稿，重校書目，訂補舊稿之訛脫者，如是者凡三載，全書增補工作完竣於一九三四年。前十七卷按經、史、子、集四類著錄書目一千零四十四種，上起唐代，下迄民初；第十八卷為外編，第十九卷為訂偽，第二十卷為存疑。一至十三卷後署名『潮安饒鍔鈍庵輯、長男饒宗頤補訂』的《潮州藝文志》連載於一九三五年、一九三六年《嶺南學報》，這是研究潮州歷代文獻的里程碑式的著作，尤其是父子所撰各條按語，以條舉往者部次、版本、作者等，或繆而糾之，或簡而補之，實含有目錄、版本、校勘為一事。共得『鍔案』一百九十五條，『饒宗頤案』二百四十五條。

[一] 陳賢武、黃繼澍整理：《饒鍔文集》，香港：天馬出版有限公司，第一五七頁。
[二] 饒鍔、饒宗頤：《〈潮州藝文志〉序》，《潮州藝文志》，上海：上海古籍出版社，一九九四年，第二頁。
[三] 饒鍔、饒宗頤：《〈潮州藝文志〉序》，《潮州藝文志》，上海：上海古籍出版社，一九九四年，第二頁。

若細加研究，即是粵東學術史、嶺東詩學史，故至今仍是潮學研究的重要基石，亦是對清代樸學精華遺產的最大繼承。選堂先生從此嶄露頭角，以學問文章見重士林，開啟了他從韓江走向全國乃至世界的學術之旅。惜卷十四以下稿件中經抗戰，在兵燹中蕩盡，令人傷懷。

饒宗頤先生的潮學研究持續七十餘年，主要著作被編在《饒宗頤二十世紀學術文集》第九卷中的《潮學》上下二册。這是潮學研究的一座豐碑。

二十世紀九十年代，潮學作為一個專門的學科得以建立，饒宗頤先生對此做出了巨大的貢獻。對於為什麼要提倡潮學，他認為，國家的研究應該從地區性做起，我們的國家龐大、歷史悠久，假如不從地區做起，就沒辦法寫成比較可靠而且可以傳之永久的全國性歷史。通史實際上是比較『普通』的，碰到一個『專題』，往往都會出毛病，從微觀的方法看，應該從地區做起。潮州人文現象和整個國家的文化歷史是分不開的。一九九〇年十一月，『中國歷史文獻研究會第十一屆年會暨潮汕歷史文獻與文化學術討論會』在汕頭大學舉行。會上饒宗頤先生發言指出：『從潮州文化歷史的角度來說，像此次集全國各地許多專家學者於一堂，以潮州歷史文獻與文化學術作為專題進行討論，從而將潮州歷史文獻與文化學術的研究提升至全國性層次，這可說是潮州文化歷史上的空前盛事。』[二]

一九九二年十一月，饒宗頤先生應邀參加在汕頭舉行的『潮汕歷史文化座談會』和『翁萬達國際學術研討會』。饒宗頤先生在大會發言中提出了在香港舉辦『潮學國際研討會』的可行性問題。隨後饒宗頤先生對涉及『潮州學』的若干重要學術問題，從內容到形式，乃至如何物色學有專長的學者參會負責論題主講等事項，都精心策劃，周章備至。一九九三年十二月『第一屆潮州學國際研討會』在香港中文大學順利召開，饒宗頤先生在會上作了題為『潮州學在中國文化史上的重要性——何以要建立潮州學』[三]的主題報告，正式提出建立『潮州學』的倡議，『潮州學』逐漸成為國際學術界關注的顯學。如今『潮學國際研討會』已召開了十屆，取得了累累碩果，亦為潮汕地區的建設提供了強大的精神文化動力。

至於作為『學藝雙携』的有關詩詞創作及『藝』方面的修練，饒宗頤先生亦早在少年時期就已經扎下牢牢的根

[二]《饒宗頤教授關於建立潮州學言論輯錄》，《潮學通訊》，二〇〇六年第一期，第三至九頁。

[三] 鄭良樹主編：《潮州學國際研討會論文集》，廣州：暨南大學出版社，一九九四年，第十至十二頁；饒宗頤：《饒宗頤二十世紀學術文集·潮學（下）》，臺北：新文豐出版股份有限公司，二〇〇三年，第一三〇五至一三〇七頁。

基了。

他自小即習詩賦古文，季羨林《〈清暉集〉序》評價說：『選堂先生讀萬卷書，行萬里路，世界五洲已歷其四；華夏九州已歷其七；神州五嶽已登其四。先生又為性情中人，有感於懷，必發之為詩詞，以最純正之古典形式，表最真摯之今人感情，水乳交融，天衣無縫，先生自謂欲為詩人開拓境界，一新天下耳目，能臻此境界者，並世實無第二人。』〔二〕錢仲聯則言：『余今讀選堂饒先生《固庵文錄》，乃喟然歎曰：此並世之容甫（清・汪中）與觀堂（王國維）也。……今選堂先生之文，既有觀堂、寒柳（陳寅恪）融貫歐亞之長，而其精通梵文，親履天竺，以深究佛學，則非二家之所能及。至於文章爾雅，二家更將斂手。』〔三〕

至於書畫方面，他從六歲起就在家裏開的畫館裏開始習畫，在伯父家裏既畫山水又臨帖。家裏還有許多元拓本，使他有機會接觸到碑體。他曾說：『我十歲左右在書法方面已打下比較扎實的基礎，十二歲就給人寫大字，寫招牌。以後我跟一位老師（楊壽枏）學畫，學山水畫，老師是寫黃庭堅的，大撇大捺，很放得開，很瀟灑。跟着老師，我對宋人山水和追摹宋人書法神韻方面下了一點功夫。這些都是十幾歲時候的事。』〔三〕關於他的書畫藝術成就，當代著名美術評論家黃苗子先生如是評論：『（饒宗頤是）一位史學、文學、佛學、敦煌學、美學著作等身的學者，而又是一位畫家，這在過去，卻是罕見。』〔四〕可謂是一位綜藝大師。他繪畫方面，擅山水畫、寫生及於域外山川，不拘一法，而有自己的風格。他的書畫藝術秉承了中國明清以來文人書畫的優秀傳統，充滿『士夫氣』，是當今社會難得的『學者型』書畫藝術家。他的山水畫寫生和人物白描，獨具一格。他的國畫題材廣涉山水、人物、花鳥，有傳統流派的摹仿，有世界各國的風光寫生，更有自成風格的創作。書法方面，植根於古文字，而行草書則融入明末各家豪縱韻趣，隸書兼採鄭谷口、伊汀州、金冬心、鄧完白之長，自成一格，行草隸篆皆得心應手，從大幅中堂、屏條、對聯到方寸空間小品，風

〔二〕 饒宗頤：《饒宗頤二十世紀學術文集・文錄、詩詞》，臺北：新文豐出版股份有限公司，二〇〇三年，第三四七至三四八頁。

〔三〕 饒宗頤：《饒宗頤二十世紀學術文集・文錄、詩詞》，臺北：新文豐出版股份有限公司，二〇〇三年，第十一頁。

〔三〕 饒宗頤：《書畫是自我生命的流露》（一九九六年十一月七日香港寓所訪談），《明報・大家大講堂》，北京：新星出版社，二〇〇八年，第一九〇頁。饒宗頤：《題任伯年〈紈扇集錦册〉》：『憶十二歲時，從金陵楊壽枏先生學山水，其尊人筱亭翁，亦山水名家，最昵於任氏，酬贈至富。楊家藏任畫，無慮百十數，皆供余恣意臨寫。』參見饒宗頤：《饒宗頤二十世紀學術文集・文錄、詩詞》，臺北：新文豐出版股份有限公司，二〇〇三年，第一〇八頁。饒宗頤同期聲：『我早年學過畫畫，我有老師，我跟楊栻老師學畫，我有這個基礎，如果沒有這個基礎，我到老年再學畫畫，怎麼能夠畫得出呢？』電視紀錄片《饒宗頤》第五集，潮州電視臺攝製，二〇一一年。

〔四〕 黃苗子：《〈饒宗頤書畫〉序》，《饒宗頤書畫》，廣州：嶺南美術出版社，一九九三年，第七頁。

格多樣，而沁人心扉的書卷氣洋溢於每件作品之中，是名副其實的學者書畫。

二

鈍庵先生幾乎是在其人生巔峰狀態中遽然辭世的。其一九三二年逝世時，年僅四十二歲，儘管留下了若干未了心願，但奠定其潮州學術大家、文壇領袖的幾項學術工程或已竣工，或已接近完成。於是，鈍庵先生那幅疊合了勤勉的考據學者、故學的傳承者、沈潛的詩人、溫煦的友人等多重形象的身影，就在那一刻凝定並鐫刻在潮學史的豐碑上了。但是，無論是從潮安饒氏的發展史來看，還是從鈍庵、選堂父子的諸多自述來看，世人對鈍庵先生的純粹學者形象的塑造，至少是非常不全面的。世人在塑造鈍庵先生學者形象時，在有意與無意之間淡化乃至遮蔽了潮安饒氏的職業屬性——商人。而這一職業恰恰位於士、農、工、商『四民』結構的末端，與傳統意義的『士』一直存在嚴峻的衝突。現實衝突的緊張關係，決定了鈍庵先生微妙而隱秘的文化心態。

縱觀鈍庵先生的一生，可以發現，『好古』『嗜古』是他一生的文化底色。他等身的著作，全是嚴格意義上的『國學』論著，對於純粹的學術問題，尤其是原創性話題，表現出極大的自信與極強的擔當。而一旦涉及家族史書寫，便可體味出其筆下遲疑的語氣與凝滯的語調，字裏行間透露出了一支別樣的『心曲』，可以見出『學者』饒鍔的另一番形象來。

饒氏的祖先原在江浙一帶，大概是到宋代理宗年間才離開。宋末因避戰亂從福建進入廣東，先在大埔落户並至十一代，都在農村務農。十二代以後輾轉到潮州來，還是農民。十三代後進城，開始做小生意，此後慢慢地在潮州府城發跡並發達起來，逐漸成為潮州巨富。對於這一事實，他們父子有許多『自供詞』，鈍庵《家嚴慈六旬壽序略》說：『迨吾王父困窘於家計，輟學業賈，家君及諸父繼起，亦以積居治產，未竟讀書。然吾家得用是日漸充裕，十餘年來，頗以微貲見稱鄉里。』[二]宗頤先生亦有『我的家族可以說是潮安地區的首富。我的祖輩是商人，很會做生意，積攢了大量錢財，但並不是一般的富貴鄉紳。我出生的時候，家族不但沒有衰落，而且正如日中天。我的高祖名興桐，有四個

[二] 陳賢武、黃繼澍整理：《饒鍔文集》，香港：天馬出版有限公司，二〇一〇年，第一五七頁。

兒子，每人都開有錢莊，自己發行錢票』〔二〕之憶述。《潮安饒氏家譜》在重印的附述中對此時饒氏在潮州的地位和作用說得非常明白：『吾家興盛之期，乃在清末民初潮梅各屬，顯赫一時，經營金融業，挹注財政，緩急地方經濟，極有佳評。例舉當時政府士紳，賦予發行鈔票，作為貨幣流通，可見聲譽之隆，家族志行之嘉。弗克臻此，尤其應付軍閥，勒索供需，為望安定鄰梓，惠獻良多。』〔三〕當時更有民謠：『邢饒蔡，潮城居一半』。饒氏家族經濟和社會地位的確立，以饒興桐當選潮州府商會第三任總理、子饒鍔選為潮安縣商會公斷處處長為標志，共擁有潮安、錦益、川英、承安四家銀莊。〔三〕

在中國傳統社會結構中，士、農、工、商『四民』有序，不可逾越，其基本特徵是『尊儒尚學，貴農賤商』〔四〕。這一傳統『四民』社會秩序在漢代確立，下迄清中期，兩千餘年一脉相承，構成大一統封建社會的基本組織形態。『四民』觀念作為一種正統的價值觀念被社會普遍認同，士尊商卑成為社會的主流意識。明清之際，在某些地區出現了『右賈而左儒』的現象，『棄儒經商』的人也有所增加，余英時先生認為明代中葉以後，士與商的界限已不易清楚劃分，但他同時也指出：『我們不應過分誇張這種傾向』，『十九世紀以後，傳統的偏見依然繼續存在』。〔五〕直到近代，中國長期形成的重農抑商、崇士輕商的思想觀念才遭到了全面的挑戰。隨着內憂外患的加劇，重商言論逐漸成為社會的主流意識，傳統的『四民』觀念也隨之發生了巨大的變化。

但對於僻處『省尾國角』的潮州來說，傳統的觀念仍是根深蒂固，潮州的許多族譜均多次提到諸如『潮俗舊重科名』『潮俗科名絕重』等語。清人有論『四民』輕重有別之義云：『凡民有四：一曰士，二曰農，三曰工，四曰商。論民之行，以士為尊，農、工、商、為卑。論民之業，以農為本，工商為末……民之用有三：曰食，曰衣，曰貨；三者民所不可一日無，而各出其力以相濟者也。衣食足，財貨通，則民皆樂其業而安其居，顧其妻子而重去其鄉矣。食出於農，衣出於工，財貨出於商。無財貨則貧，無衣則寒，無食則死。三者食為急，故農尤重。』〔六〕由此可見，傳統社會

〔二〕饒宗頤述，胡曉明、李瑞明整理：《饒宗頤學述》，杭州：浙江人民出版社，二〇〇〇年，第一頁。
〔三〕饒旭初：《記一九二一——八一年事略》《潮安饒氏家譜》，香港複印增補本，一九九一年。
〔三〕陳賢武：《饒鈍庵先生學術年表初編》，林倫倫主編：《饒學研究》（新版）第一輯，廣州：暨南大學出版社，第四〇二、四〇七頁
〔四〕《晉書·傅玄傳》：『尊儒尚學，貴農賤商，此皆事業之要務也。』唐·房玄齡等撰：《晉書》，北京：中華書局，一九七四年，第一三一九頁。
〔五〕余英時：《中國近世宗教倫理與商人精神》，合肥：安徽教育出版社，二〇〇一年，第一九八至二一七頁。
〔六〕（清）謝階樹：《保富·約書》卷八，姚鵬等主編：《中國思想寶庫》，北京：中國廣播電視出版社，一九九〇年，第七六八頁。

對職業的價值評判標準，首在治國，次則民生，民生方面則是以糧為本的財富觀，對人們職業的評價，就是依其於治國和民生重要性的高低而判別等級高下的。因此重農輕商、崇本抑末，成為歷代經世治國的基本原則。商人整個群體的社會聲譽均處於較為弱勢的位置。他們除經商以外，都要想方設法考慮自身和家庭的發展。還是以潮州饒氏家族為例來說明這一問題。

饒氏家族到了十四世顯科公這一代，已經是家有恒產，上升為地方階層，從而使這個家族具備了出現士人、進而出現官僚的條件。饒氏家族儘管由務農至經商，但他們仍保留着對『一心惟讀聖賢書』『書中自有黃金屋』的精神嚮往。他們不得已業賈的原因是生計所迫，而他們在事業有成之後，依然對年幼時輟學耿耿於懷。在饒鍔修撰的《潮安饒氏家譜》中就較多地記載了兩位先祖的事迹。一位是十六世良洵公。由於少小遭遇父親過世和叔父分家，家裏的生意屢遭挫折，以致欠了一身債務。為了還債和贍養母親和兄弟，他不得已輟學經商。中年時家境小康，他經常告誡兒子說：『我饒氏近世鮮有顯達。我以少年遭家難，不克讀書，使有光於鄉族，今悔以無及矣。願後世子孫，不失讀書種子，以紹先志，是余之所望也。』[一]另一位是十七世興桐公，雖曾任潮州商會總理，但『常以幼年失學自憾，既不克獲大施，則發憤令諸子出就名師，冀酬宿願』[二]。而在家族培養讀書人的行動，則是從十五世協華公開始進行的。《潮安饒氏家譜》記載：『公嘗被侮邑諸生某，負氣歸告諸弟曰：我家本詩書之族，吾執業貨殖已無可冀望，汝等年幼，當勉力於學，博一衿以庇門户。』他於是『搆書室三楹，延里宿儒教授其中，而已以時課督焉』[三]，開始了饒氏家族的文化積累。在他的督促下，饒氏子弟相繼中鄉試，逐漸增添了這個以經商為主的家族的文化氣息，從而為饒氏進入潮州的主流社會、確立望族地位打開了一扇大門。從十五世至十七世，饒氏家族『充邑庠生者一人，為邑增生者一人，由附生、拔貢繼登賢書者一人，居然詩書之族矣』[四]。

饒氏從協華公開始，歷代都對教育非常重視，協華公專門騰出三間房作為書齋，到良洵公時期，經濟寬裕，在家族的教育上更捨得投入。他在建祠堂時，在祠堂旁建了一個書塾供子孫讀書。他還議定，凡子孫入泮得向公家年領獎

[一] 饒鍔：《先大父少泉府君行狀》，《潮安饒氏家譜》卷八『藝文』。

[二] 饒鍔：《家嚴慈六旬雙壽序略》，《潮安饒氏家譜》卷八『藝文』。

[三] 參見：《潮安饒氏家譜》卷七『家傳』。

[四] 參見：《潮安饒氏家譜》卷九『叢錄』。

資五十元，後因科舉停廢，此議於是沒有實施。民國後他又議定，凡派下子孫有能力於中學畢業繼續升大學者，公家每年補貼學費五十元以資策勵，惟以大學畢業時為止。五十元在當時潮州差不多是一間較大的商鋪一年的租金。而當時潮州一個商鋪的伙計一個月的薪水差不多是三元。有了經濟上的保障，饒氏子孫可以專心求學，並能學有所成。

在清代，商人或家族成員可以通過捐納等方式，取得一定出身，擁有官員的身份。捐納這種方式自秦漢以來就有，至清代仍然是商人取得一定社會地位的方法[一]。因而饒氏家族『凡遇軍需賑濟海防諸善舉，樂為輸將，雖千金不少惜』[二]。通過金錢與政治作交換，饒氏家族亦獲得了朝廷嘉獎，為己身，更為祖、父獲得『朝議大夫』『奉政大夫』的虛銜，榮耀鄉里。[三]

在這樣的家庭文化熏陶中，鈍庵先生決心走治學之路，『以振故學為職志，於鄉邦文獻尤為眷注』[四]。並在《仲兄次雲先生行述》中描繪了和仲兄一起夜讀的情景：『夜聚首剪燭，品騭術業，暢論字書、音韻源流及文章聲病，漏下三刻乃罷以為常。』[五]他的一言一行，莫不踐行着粹然儒者的行為規範。他早年曾先後求學於汕頭嶺東同文學堂、上海民國法律學校，學的雖是新學，但『好古』『嗜古』始終是他人生追求的文化底色，貫穿一生，深刻影響了他的日常行為、學術研究與詩文創作。顯然，鈍庵先生用實際行動塑造了一個古典士大夫文人的自我形象。

但是，正如余英時先生所言，『「士」的傳統已在現代社會結構中消失了，其「幽靈」卻以種種方式或深或淺地纏繞在「五四」一代知識分子的身上，在行為模式上仍不脫「以天下為己任」的流風餘韻。』[六]商業的發展和商人地位的提高並不說明傳統『四民』觀念的根本動搖，其實在封建社會乃至近代社會的母體中，重儒思想還是根深蒂固的，主流士人知識分子追求的還是學而優則仕，目的在於光宗耀祖，實現治國平天下的理想。陳援庵在《跋魏建功家書》（一九二

[一] 捐資納粟換取官職、官銜。此制起於秦漢，稱納粟。清中葉後大盛，稱為捐納。朝廷視為正項收入，明訂價格行之，為官有一定的限制，據《清史稿・選舉七・捐納》記載，『捐途文職小京官至郎中，未入流至道員；武職千把總至參將』，同時明確捐納官不得分用於吏、禮部，道府不得授實缺正印官。捐納到了晚清時，不僅更加普遍，而且愈演愈烈，加劇吏治腐敗，成為一大弊政。

[二] 王延康：《少泉老叔臺七秩壽言 代》，饒鍔修撰：《潮安饒氏家譜》卷八『藝文』。

[三] 參見《潮安饒氏家譜》卷七『家傳』。

[四] 陳賢武、黃繼澍整理：《饒鍔文集》，香港：天馬出版有限公司，第一五七頁。

[五] 陳賢武、黃繼澍整理：《饒鍔文集》，香港：天馬出版有限公司，第一一〇頁。

[六] 余英時：《士與中國文化》，上海：上海人民出版社，二〇〇三年，第六頁。

五）中有言：『賈人子弟，自昔為文士所輕。其能奮自磨濯者，亦多諱其所出。起家寒素，寧托之農而不願承之商，亦中國社會一怪現象也。』〔二〕因而，對於商人這一特殊的社會身份，鈍庵先生內心深處湧動着一種深刻的不安。其《答某君書》云：『僕，韓江一鄙人耳，厠身市廛，絕意進取』，『身既儕乎卑賤之列，而言又不見重於時』。〔三〕《與陳芷雲書》說：『鍔，窮巷鯫生，孤陋迂拙，自度終無用於世，獨自幼酷嗜學問文章，欲於古人精神之所憑寄，一意探求，以期自振拔於流俗。』〔三〕《與蔡紉秋書》說：『鍔，卷曲小材，不中繩尺，於世事百無一通。』〔四〕《報郭輔庭書》說：『僕，里閈小儒，見聞既隘，力又不逮。』〔五〕《鄭蕃之文稿序》亦說：『余與蕃之皆嘗肄業於學校中，余雖有志於文章之事，猶不能超然自拔於俗。』〔六〕此類話頭，看似自謙，實則不免流露出文化身份體認上的焦慮，這在《復溫丹銘先生書》中有了極為顯豁的表述——『自分此生終無與斯文之末』〔七〕。這種『不安』如幽靈一樣緊緊縈繞着他，但他自己身不由己，必須挑起家族龐大的生意重擔，遂把希望寄託在聰慧的長子身上，督責甚嚴。饒宗頤先生在幫助抄錄父親著作的同時，亦感同身受。他曾憶述：『我能記住一些東西，還不是小時候給溪藤擘出來的。』〔八〕

自一九二一年仲兄歿，越五年父與長兄又未周期而相繼歿，鈍庵先生不得不出掌饒氏家族生意。『先子服未周期，家兄又奄爾下世。數月之間，死喪相接，百務集於一躬，徬徨莫知所措。……自念秉質柔懦，羸軀多病，其能支延至今，不猝填委溝壑者，蓋賴家有長君搘柱門户。俾鍔小子得以優遊歲月，浸潤於道藝之林，涵泳乎養生之域。……孰料天降鞠凶，既奪我靈木，復折我荊枝。蓋我同母兄弟三人，今惟鍔一人存耳。老母今年七十餘，吾子吾侄皆孩提幼

〔二〕陳智超、曾慶瑛編：《陳垣學術文化隨筆》，北京：中國青年出版社，二〇〇〇年，第三二七頁。論近代學人出處，有商人家世背景者甚多。五嶺以南，如陳垣出身新會藥材商，陳序經出身南洋大户，梁方仲、梁嘉彬昆仲出身清代十三行天寶行行商，戴裔煊出身陽江坐商，高伯雨出身香港南北行的元發行；另如葉德輝出身長沙富商，胡適出身徽商，董作賓出身南陽小商人家庭，蕭公權出身江西怡豐號，常乃悳出身晉商，郭廷以出身河南舞陽雜貨商，皆其例。故陳垣在《跋魏建功家書》又言：『近年風氣大變，學者兼營商業，尤為故常。』

〔三〕陳賢武、黃繼澍整理：《饒鍔文集》，香港：天馬出版有限公司，第七十六頁。

〔三〕陳賢武、黃繼澍整理：《饒鍔文集》，香港：天馬出版有限公司，第八十一頁。

〔四〕陳賢武、黃繼澍整理：《饒鍔文集》，香港：天馬出版有限公司，第六十頁。

〔五〕陳賢武、黃繼澍整理：《饒鍔文集》，香港：天馬出版有限公司，第六十七頁。

〔六〕陳賢武、黃繼澍整理：《饒鍔文集》，香港：天馬出版有限公司，第三十八頁。

〔七〕陳賢武、黃繼澍整理：《饒鍔文集》，香港：天馬出版有限公司，第七十一頁。

〔八〕曾楚楠：《即之彌近 仰之彌高——從饒宗頤教授問學瑣記》，曾楚楠：《拙庵論潮叢稿》，香港：中華詩詞出版社，二〇〇八年，第三四五頁。

穉，未克成立。……是以自先子即世以來，夙夜兢兢，惟覆餗之是惕，手無握握，惟牙籌目無睹睹，惟簿籍終日營營，迄無寧晷，欲求如往時之逍遥自適，縱吾意讀吾書，不可得矣！』〔二〕一九二九年，席捲全球之金融危機波及潮汕，饒氏家族的生意開始衰颯。他又放不下所從事的學術研究，潛心編纂《潮州藝文志》，多病之軀更是心力交瘁，匆匆走完四十二年的人生歷程。『擬編《潮州藝文志》，自明以上皆脱稿，有清一代僅定書目，而君已病矣！疾篤時，予（鄭國藩）與吴君子筠臨視，君無他語，惟惓惓以是書未成為憾。』〔三〕

父親過世時，饒宗頤先生才十六歲，卻給身為長子的他留下了兩副擔子：家族的錢莊生意和沒有做完的學問——尚未完成的著作《潮州藝文志》。十六歲的少年，正是享受父母寵愛的花樣年華。而十六歲的饒宗頤，此時卻要肩挑起饒家龐大的生意重擔。

開錢莊是饒家的主業，生意夥伴遍及粤東、香港。這對於從未涉足商界的饒宗頤來說，無異是趕鴨子上架。然而他對錢沒興趣。他的女婿鄧偉雄說：『一直到現在他都搞不清菜價；他去法國研究漢學時，對家人說自己每天上街買菜，但我們都不相信。』所以，父親的家財在他手上一點點散盡是一件可想而知的事，『我只能在兩件事中做一件，就是能夠把父親的學術延續下來，但是生意我就沒辦法管了，所以在我手上，家財慢慢地散了』〔三〕。三年後，饒宗頤先生完成了《潮州藝文志》。因為這次的成功，十八歲的他踏出天嘯樓，步入了外面更廣闊的世界。

在人生的分岔路口，饒宗頤先生聽從内心做出了選擇，從此走上了憑興趣治學的道路。因為他幼年時在天嘯樓那十餘萬卷藏書上積累起來的豐富興趣，不是靠守一經就可滿足，由此又延展出了日後廣泛的研究領域，『繼承父志編撰《潮州藝文志》，是搞方志學，就得懂一點碑記，進而研究考古學、古文字學，接着機緣湊合就到了敦煌學』。曾經散盡萬貫家財，日後他也從沒有為錢做過學問；對他來說，『興趣』二字就好像一張保鮮膜包裹着他的人生，直到現在，他仍然保持着十幾歲時的心態，做着十幾歲時認爲的有興趣的事，追尋『莫名其妙的』那些問題，把所有興趣都一點點磨成了學問，『我自己也奇怪』〔四〕。

〔二〕饒鍔：《答胡孔昭書》，陳賢武、黃繼澍整理：《饒鍔文集》，香港：天馬出版有限公司，二〇一〇年，第六七至六五頁。

〔三〕鄭國藩：《墓志銘》，陳賢武、黃繼澍整理：《饒鍔文集》，香港：天馬出版有限公司，二〇一〇年，第一五四頁。

〔三〕陳楓等：《不僅天人合一　更要天人互益》，《南方日報》，二〇〇九年十一月十八日。

〔四〕邵嶺：《饒宗頤：所謂大師，是要講機緣的》，《文彙報》，二〇一二年七月三日；《新華文摘》二〇一二年第十八期，第一〇二頁。

如果饒宗頤父親傳給宗頤先生學問，為他奠定了堅實的學養基礎，那麽，鈍庵先生對學問本身抱有的一份深厚敬意與真切的喜愛的『文化母體』，對兒子影響則是更加深遠，而且早已是靈根深種。誠如蔣夢麟在《西潮・新潮》中所說：『理想、希望和意志可以說是決定一生榮枯的最重要因素。教育如果不能啟發一個人的理想、希望和意志，單單强調學生的興趣，那是捨本逐末的辦法。只有啟發理想為主、培養興趣為輔時，興趣才能成為教育上的一個重要因素。』[一]

一九六八年，宗頤先生受聘往新加坡國立大學教書，並任中文系主任，聘期九年。但是他在第五年即回香港了。關於提前辭教的緣由，他後來解釋說：

我在新加坡時心情不太好。那個時候，新加坡政府壓中國文化，所以後來我就跑掉了。新加坡本來請我擔任九年系主任，但是我到了第五年就待不下去，因為我在那裏做惟一的一所即國立大學中文系的教授，而政府卻根本不提倡中國文化，只提倡中國語，沒有『文』，只學華語就夠了，害怕中國文化，對大陸非常怕。時代的轉變非常有意思。我不能再住下去。所以我的舊詩集取名為《冰炭集》，如冰與炭。這跟當時的心情有關。[二]

《冰炭集》卷首詩云『胸中羅冰炭，南北阻關山。我愁那可解，一熱復一寒』，又云『遊絲隔重簾，望春目欲斷。漠漠疏林外，入畫但荒遠。流水自潺湲，中有今古怨』[三]，這裏的『望春』，分明是一份文化的鄉愁；這裏的『今古怨』，亦分明是一種歷史的大憂患。所以他說自己『雖無牧之、後池之藴藉，庶幾表聖狂題之悲概』[四]——分明是出於一種文化共命人而非一般天涯淪落人的身份感了。一九四九年以後，饒宗頤先生飄離故土，寄居香江。他雖然孑然一身，兩手空空，卻並沒有像一個舊文人那樣詩酒流連地浪費生命。他牢牢地抓住了一樣東西，那就是中國文化，在其

[一] 蔣夢麟：《西潮・新潮》，長沙：嶽麓書社，二〇〇〇年，第三一頁。蔣夢麟（一八八六至一九六四），字兆賢，號孟鄰，浙江餘姚人。自一九一九至一九四五年，在北京大學工作了二十餘年，係北大校史上任職時間最長的校長。

[二] 饒宗頤述，胡曉明、李瑞明整理：《饒宗頤學述》，杭州：浙江人民出版社，二〇〇〇年，第六五至六六頁。

[三] 饒宗頤：《饒宗頤二十世紀學術文集・文錄、詩詞》，臺北：新文豐出版股份有限公司，二〇〇三年，第五一五頁。

[四] 饒宗頤：《〈冰炭集〉題辭》，《饒宗頤二十世紀學術文集・文錄、詩詞》，臺北：新文豐出版股份有限公司，二〇〇三年，第五一五頁。

中不僅止泊了他的靈魂，安頓了他的身心，更在其中凝斂、內聚，再造了他的文化生命。

誠如胡曉明所說：『作為一個兒子來說，能夠透過一本書（指《潮州藝文志》）延續父親的精、氣、神，這個血脈，這個分量就很重，就不是簡單、隨隨便便的一本書，這裏面包含着沈甸甸的生命延續的意義。』[一]這亦讓後人得以從中慢慢體味其層層相因的微妙關係。

結語

一個人的成功，固然涉及時代背景、歷史條件、師承關係、文化氛圍等多元因素，但家學淵源無疑是不可忽略的一環。在歷史上，我國歷代文化家庭無不重視家學淵源。所謂家學，即授受有源，累世相傳，相互影響，潛移默化……

關於世家與學術文化之間的關係，陳寅恪先生曾在《崔浩與寇謙之》一文中有精到的論述：

東漢以後學術文化，其重心不在政治中心之首都，而分散於各地之名都大邑。是以地方大族盛門乃為學術文化之所寄託。中原經五胡之亂，而學術文化尚能保持不墮者，固由地方大族之力，而漢族之學術文化變為地方化及家門化矣。故論學術，只有家學之可言，而學術文化與大族盛門常不可分離也。[二]

陳寅恪先生所描述的現象，在中古時期尤為明顯，此後世家大族在社會變動中不斷被庶族蠶食，唐宋科舉制度的人才選拔也對其產生了猛烈的衝擊，最終世家無法再占據文化的主流地位。不過，『學術文化與大族盛門常不可分離』的現象依然不斷。此外，我們還可以注意到，古代的讀書風氣有三類：書香世家、崛起（無淵源）、俗學（時藝）[三]，若言人生的三立：立德、立功、立言，世家弟子自然最易成功，幼承庭訓，長而淵博，經史子集靡不貫通，是產生大

[一] 胡曉明同期聲，電視紀錄片《饒宗頤》第一集，潮州電視臺攝製，二〇一一年九月。
[二] 陳寅恪：《金明館叢稿初編》，北京：生活·讀書·新知三聯書店，二〇〇一年，第一四七至一四八頁。
[三] 劉成禺：《世載堂雜憶》，瀋陽：遼寧教育出版社，一九九七年，第三頁。

家的天然機緣。到了近現代以後，隨着新教育制度的逐步確立，現代意義的大學和學術研究機構成為造就人才和網羅人才的公共性空間，私人性的『家學』再一次被擠到邊緣位置。然而，由於家族制度依然存在，作為中國文化中的獨特現象，世家文化並沒有消失殆盡，它在新的語境下又暫時找到了賴以生存的依據，檢索一番中國文化史，如此例子不勝枚舉。〔二〕歷史學家吳相湘（一九一四至二〇〇七）更言：『家庭教育、學校教育、社會教育三者之間的輕重，今日論者見仁見智各有不同。但就我親身體驗：家庭教育比較其他兩者都顯得重要，就比例來說不應該是按三分法，而應該是家庭教育占百分之五十，其餘兩者同占其餘的百分之五十。甚至可以說：必須有良好的家庭教育才可以有機會接受良好的學校教育。』〔三〕饒宗頤先生就一直堅信家學是做學問的方便法門，『家學淵源』意味着家裏有許多藏書，有世代相傳的學問，有了這些基礎，就可以在長輩已有的學問系統上加以擴張和提升，傳統文化的功底會更扎實，亦更能夠觸類旁通。〔三〕

傅斯年先生嘗論：『中國學術，以學為單位者至少，以人為單位者轉多，前者謂之科學，後者謂之家學。家學者，所以學人，非所以學學也。』〔四〕不管這番話持什麼感情色彩，卻說到了中國傳統學術的根子上。家學首先注重的是士人的氣節、品行、門風，立身做人是第一要緊，學還在其次，所以，古代名門望族留下了家學，亦留下了諸多家訓。固然，世家子也有辱沒門庭的斗筲紈絝之徒，但觀名揚四海的一代大儒，袞袞諸公，一門風雅，於人於學於家於國，皆成楷模。如近現代文化學術史上頗為耀眼的廣東新會梁氏、安徽建德周氏、江西義寧陳氏、浙江德清俞氏，當然還有潮州饒氏。不過，如今這些世家中主要代表人物或相繼去世，或年事已高，特別是受到社會的轉型，教育體制的定型和剛性（大衆化、產業化），職業科層化，乃至社會風氣的影響，所謂『世家』與『文化』的關係已式微，或竟完全分離，已成絕響，是《廣陵散》，亦就是說，上述的『文化世家』已經不再是文化現象，有之也是個案的現象了。

鄧爾麟在《錢穆與七房橋世界》中就認為：

〔一〕參見胡文輝：《現代學林點將錄》，廣州：廣東人民出版社，二〇一〇年，第四五七頁。
〔二〕吳相湘：《三生有幸》，北京：中華書局，二〇〇七年，第四頁。
〔三〕邵嶺：《饒宗頤：所謂大師，是要講機緣的》，《文彙報》，二〇一二年七月三日；《新華文摘》，二〇一二年第十八期，第一〇四頁。
〔四〕傅斯年：《中國學術思想界之基本誤謬》，傅斯年著，朱正編注：《大家小集·傅斯年集》，廣州：花城出版社，二〇一〇年，第十五頁。

錢穆本人所受的就是士大夫教育：家庭教育、學校教育以及職業訓練三者合一。讀書認字只是「學習」的一小部分。錢穆那一代人所上的學校是鄉紳蔭庇的延伸。任教的老師都是鄉紳後代。雖然錢穆在一九二〇年就已經感到新式學堂的影響，文言文正逐漸被淘汰，但是普及教育還遠遠沒有完成。五十年代之前，在整個地區只有兩所初中，小學也只有鄉鎮有。可是到了一九五八年，當地所有的六至十二歲的孩子都上了小學，而且每個鄉鎮都設有初中。到了一九八五年，所有的小學畢業生都能上初中，四分之一的初中生上高中。總之，每個學生至少在公立學校上九年學，而且也似乎至少都有升學三年的機會。其中佼佼者還能上梅村或無錫市的重點學校。

具有諷刺意味的是文化知識——昔日鄉紳階級獲得權勢的工具——被降低了地位。每個學生都能說國語，大都說得比錢穆那一代人好。但是學生不通過學古文經典來識字；能讀會寫也不再是道德和社會地位的象徵。但是所受教育越高，仍然意味着社會地位更高。不同的是，高等教育現在只是技術性的，而不是像過去那樣寓德育於智育。當地教員仍然貧窮，同時失去了昔日享有的社會地位。[二]

饒宗頤先生亦不認為現代教育方式能夠獲得和家學一樣的效果。『文學是最難訓練的。現在的中文系學生不能寫古文，不能寫古體詩，這樣就跟古人隔了一層。不能創作，只有理論，他們借外國的理論硬裝進去，自以為理解了的其實是誤解。現在的學生寫一本書沒問題，讓他寫首古詩卻不會寫。中國傳統文化都蘊藏在這些古代文體裏面，不掌握它們，漢學研究就沒辦法突破。學校培養出來的都是同一模型。』但他對未來仍然樂觀，不擔心學問會中斷，亦相信每個時代總有新的人物和著作出現。所謂『大師』，是要講機緣的，『不能用人事強求』。[三]

鄧爾麟在其書中最後提出：錢穆『所傳播的真理是古老的，而且多次在中國文化和政治的大背景中通過七房橋這樣的社區得到證明。但是如果要把這些真理運用到風雲多變的今天，我們就首先要找到一種適合它們的新詞語，然後寫出如何運用這些真理的歷史。如同七房橋的歷史一樣，這部歷史會表明：在古老的中國，社會狀況的確變化了，新興利益的確湧現了，同時領導方式和道德眼光也隨之演變了。只有當這部歷史被闡明之後，逝去人物的激情和尊嚴才能

[二] [美] 鄧爾麟著，藍樺譯：《錢穆與七房橋世界》，北京：社會科學文獻出版社，一九九八年，第一二六至一二七頁。
[三] 邵嶺：《饒宗頤：所謂大師，是要講機緣的》，《文彙報》，二〇一二年七月三日；《新華文摘》，二〇一二年第十八期，第一〇四頁。

激勵現在而不是否認現在』[二]。

學術繁榮，創新活躍，至少要具備兩個條件：一要有社會化的學術精神熏陶；二要有自主的思想傳統和持久的學術資源積澱。世界上沒有兩片相同的樹葉，大師的個體差異性則尤其突出。只有這種個體差異性得到充分尊重，思想和學術的自我積累進程不被人為中斷，才會最終得一個出大師的正果。正如胡曉明所說：『我們常常講的富強夢，隨着這樣一個不可阻擋的歷史潮流，背後一定有一個中國的文明、中國文化的強大。文化的強大、文明的發展靠什麼呢？文化是不能靠暴發户的，不是一兩天、一兩年能夠爆發起來的，這個確實是需要一代一代的人，饒公在這裏面所顯示出來的啟示意義就非常明顯。文明是需要積累的，需要去守護它，需要去用以溫情與敬意。』[三]

陳賢武

二〇一二年十二月二十九日凌晨匆就於潮州撫琴書舍

二〇一三年三月、六月重作修訂

［本文原刊於《湖南人文科技學院學報》二〇一四年第四期。二〇一七年三月獲『潮州市二〇一四至二〇一五年度哲學社會科學優秀成果獎（政府獎）』三等獎］

[二] ［美］：鄧爾麟著，藍樺譯：《錢穆與七房橋世界》，北京：社會科學文獻出版社，一九九八年，第一三六頁。

[三] 胡曉明同期聲，電視紀錄片《饒宗頤》第八集，潮州電視臺攝製，二〇一一年九月。

《潮汕文庫·研究系列》第一輯書目

潮汕史簡編　黃挺著

潮汕方言歌謠研究　林朝虹、林倫倫著

潮汕華僑史　李宏新著

選堂詩詞集通注　饒宗頤著，梅大聖注

饒宗頤辭賦駢文箋注　饒宗頤著，陳偉注

饒宗頤絶句選注　饒宗頤著，陳偉注

汕頭影踪　陳嘉順著

汕頭埠老報館　曾旭波著

潮人舊書　黃樹雄著

《潮汕文庫・文獻系列》第一輯書目

潮州耆舊集　（清）馮奉初輯，吴二持點校

郭子章涉潮詩文輯錄　（明）郭子章撰，周修東輯校

潮汕女性口述歷史：潮州歌冊　劉文菊、陳俊華、李堅誠、吴榕青、劉秋梅編著

人隱廬集　（清）吴汝霖、吴沛霖撰，吴曉峰輯校

做『缶』與賣『缶』：近現代楓溪潮州窯陶瓷業訪談錄　韓山師範學院圖書館、頤陶軒潮州窯博物館主編，李炳炎、陳俊華、陳秀娜編

瞻六堂集　（明）羅萬杰撰，黃樹雄、王纓纓、林小山整理

四如堂詩集　（清）陳錦漢著，陳偉導讀

醉經樓集　（明）唐伯元撰，黃樹雄、王纓纓、陳佳瑜整理

百懷詩集、龍泉巖遊集　（清）陳龍慶撰，陳琳藩整理

重刻靈山正宏集　（清）釋本果撰，郭思恩、陳琳藩整理

立雪山房文集　（清）黃蟾桂撰，陳景熙、陳孝徹整理

汕頭福音醫院年度報告編譯（1866—1948）　[英] 吴威凛（William Gauld）等著，朱文平編譯